나의 첫 세계사 여행

서아시아·아프리카

나의 첫 세계사 여행

서아시아·아프리카

전국역사교사모임 지음 | 송진욱 그림

휴먼어린이

초대하는 글

너의 첫 세계사 여행을 위한 좋은 길잡이

안녕! 얘들아, 어서 와. 세계사는 처음이지? 다들 알겠지만 역사는 '과거'로 떠나는 여행이야. 먼 과거는 지금하고는 사뭇 다른 낯선 곳이지. 낯설고 새로운 곳을 찾아가는 건 언제나 가슴 설레고 재미있지만, 또 두렵고 어려운 일이기도 해.

한국사는 우리나라 안에서 이야기가 전개되지만, 세계사는 드넓은 세계를 배경으로 하기 때문에 더욱 어렵게 느껴져. 사람들은 저마다 살고 있는 곳의 지형이나 기후, 문화에 많은 영향을 받으며 살아가기 때문에 그들이 사는 공간을 아는 건 매우 중요해. 문제는, 세상은 너무 넓고 사람들도 너무 많다는 거야.

세계사를 공부하려면 시간이라는 세로축과 공간이라는 가로축 안에 사람과 사건을 자리매김할 수 있어야 해. 솔직히 시간의 흐름을 따라가기도 벅찬데, 그 일이 있었던 공간까지 염두에 두어야 하니 머리가 아플 수밖에. 제대로 된 지도와 나침반이 없다면 수많은 사건과 지명 속에서 금방 길을 잃어버리기 십상이지.

그래서 '초등학생들에게 세계사는 무리'라고 생각하는 사람들도 있어. 학교 공부에서도 세계사는 중학교에 가서야 배우지. 하지만 꼭 그럴까? 자기 나라 역사보다 세계사를 먼저 배우는 나라도 있대. 유럽 국가 대부분은 초등학교에서 처음 역사를 배울 때, 자기 나라 역사가 아닌 '이집트 문명'부터 시작한다고 해.

역사를 배우는 목적은 다양한 사람들의 삶의 경험을 통해 보다 나은 삶을 생각해 보는 거야. 그렇다면 우리 조상들의 경험뿐만 아니라 더 넓은 세계, 더 다양한 사람들의 경험을 일찍부터 살펴보는 게 의미 있지 않을까? 그만큼 시야가 넓어질 테니까 말이야. '세계화' 시대이기도 하잖아.

물론 그러기 위해서는 친절하고 능력 있는 길잡이가 필요하겠지. 서점에 가 보면 어린이를 위한 세계사 책이 꽤 많이 나와 있어. 좋은 책도 있지만, 어린이들이 읽기에 버거운 책이 많은 것도 사실이야. 흥미 위주로 너무 가볍게만 세계사를 소개한 책들도 있지. 이런 책으로 세계사를 접하다가 자칫 길을 잃고, 세계사에 대한 흥미까지 잃어버릴까 봐 걱정이 되기도 해.

이 책은 처음 세계사를 여행하려는 어린이들을 위해 새롭게 쓴 책이란다. 친절하고 능력 있는 길잡이, 훌륭한 지도와 나침반이 되기 위해서 말이야. 전국 2000여 명의 선생님들이 머리를 맞대고 함께 공부하는 '전국역사교사모임'에서 이 책을 펴내기로 했고, 초등학교 선생님 두 분과 중학교 선생님 두 분이 함께 글을 썼지.

중학교 선생님 두 분은 오랫동안 세계사를 가르쳐 왔기 때문에 너희가 나중에 중학교에 가서 어떤 내용을 배우게 될지 잘 알고 계셔. 초등학교 선생님 두 분은 오랫동안 초등학생을 가르치며 함께 생활해 왔기 때문에 너희의 눈높이를 잘 알고 계시지. 그래서 초등학교 5~6학년의 눈높이에 맞춰 중학교에서 배울 세계사 내용에 대비할 수 있는 책을 썼단다. 중학교 '역사' 과목에서 만날 세계사 내용을 쉽고 재미있게, 보다 풍부하게 미리 배울 수 있도록 말이야.

하지만 오랜 경험을 가진 선생님들도 새로운 어린이 세계사 책을 쓰는 게 쉽지만은 않았어. 오랜 시간 고민하고 토론한 끝에, '어린이를 위한' 세계사라면 세계 전체를 한꺼번에 다루면서 지역을 넘나드는 일반적인 책들과는 달라야 한다고 생각했지. 공간에 대한 이해가 부족한 상황에서 아이들이 세계를 이리저리 넘나들기는 무리라고 판단했기 때문이야.

그래서 지역을 나누어 네 권으로 구성하기로 했어. 유럽과 아메리카 지역을 한 권에 묶고, 우리와 가까운 중국과 일본은 따로, 인도와 동남아시아 지역도 따로 묶어 한 권, 그리고 중앙아시아와 서아시아, 아프리카 지역을 아울러서 한 권으로 쓰게 되었지. 물론 이렇게 하면 '세계사'가 아니라 '지역사'가 되겠지만, 일단 권마다의 지역 역사를 재미있게 읽어 나가다 보면, 네 권을 다 읽었을 때 자연스럽게 '세계사'로 모아질 수 있을 거야.

이렇게 책을 나누어도 해당 지역, 공간에 대한 이해가 쉽지 않을 것 같아서 '출발! 세계 속으로'라는 꼭지를 따로 두었어. 시대마다 중요한 도시나 지역을 정하고, 지금 그곳의 역사 흔적을 여행한다면 어떤 모습일지 꾸며 본 거야. 세계사는 과거로 떠나는 여행이기도 하지만, 세계로 떠나는 여행이기도 하니까 말이야. 나중에 이 책을 들고 해당 도시나 지역을 직접 찾아가 볼 수 있으면 더 좋겠지.

역사는 다양한 과거 사람들의 이야기를 담고 있지만, 주로 왕이나 높은 계급, 특별한 사람들의 이야기가 많아. 그들은 모두 어른들이지. 하지만 과거에도 어린이들이 있었고, 그 어린이들도 매일매일을 열심히 살았을 거야. 지금

너희처럼 말이야. 그래서 과거에 살았던 어린이 친구들의 이야기를 담은 '어린이들의 세계사' 꼭지도 특별히 만들었어. 쉽지는 않았단다. 역사 이야기는 대부분 어른들이 쓴 어른들 이야기거든. 그 속에 숨겨진 세계 어린이들의 이야기를 발굴해 우리 친구들에게 소개할 수 있다는 건 꽤 자랑할 만한 일이라고 생각해.

복잡하고 어려운 설명은 최대한 줄였기 때문에 초등 고학년이면 누구나 이 책을 술술 재미있게 읽어 나갈 수 있을 거야. 글을 최대한 쉽고 짧게 쓰려고 노력했거든. 펼친 페이지 한 쪽마다 주제 하나씩을 실어 한눈에 보이도록 구성하고, 재미있는 그림과 신기하고 멋진 사진도 많이 실으려고 노력했어. 물론 내용도 알차단다. 이 책만으로 세계사의 핵심 내용을 충분히 얻을 수 있도록 애를 썼으니까. 본문에서 미처 다 다루지 못한 흥미로운 내용은 '한 걸음 더!'라는 꼭지에 덧붙여 두었으니 빠뜨리지 말고 읽어 보렴.

처음 어린이를 위한 세계사 책을 내기로 한 지 꼬박 5년이 지났네. 그만큼 많이 고민하고 오랫동안 여러 번 고쳐 쓴 만큼, 너희에게 재미있고 유익한 책이 되었으면 하는 바람이 간절해. 부디 이 책이 낯설고 어렵지만 설레고 재미있는 첫 세계사 여행에 훌륭한 길잡이가 되었으면 해.

자, 그럼 이제 우리 첫 세계사 여행을 떠나 볼까?

2018년 12월

전국역사교사모임

이강무 · 이성호 · 황은희 · 김성전

차례

5 이슬람교의 탄생

6 이슬람 제국의 성장

7 중앙아시아 초원의 역사

8 이슬람의 새 주인, 셀주크 튀르크

차례

9 초원에서 시작해 세계 제국을 건설한 몽골

10 세 대륙을 지배한 오스만 튀르크

11 사하라 남쪽, 아프리카의 역사

12 아프리카에 드리우는 제국주의의 그림자

옛날 옛날, 아주 먼 옛날, 우리가 원시인이라고 부르는 사람들이 살던 때의 일들을 어떻게 알 수 있을까? 글자도 없고, 사진기는 당연히 없던 시대인데 말이야. 역사를 공부한다는 건 탐정 놀이를 하거나 퍼즐을 맞추는 일처럼 재미있어. 글자가 없던 시대라고 할지라도 그들이 남긴 물건이나 흔적을 찾아내서 당시에 어떻게 살았는지 추측해 볼 수 있거든. 한 유명한 역사학자는 "역사란 과거와 현재의 끊임없는 대화"라고 말했대. 정말 그래! 지금부터 우리는 과거로 돌아가서 당시 사람들과 대화를 시작해 볼 거야. 물론 말이 통할지 장담할 수는 없지만 말이야.

1

선사 시대, 글로 쓰이기 이전 시대의 이야기

약 1만 년 전

인간이 농사짓기 시작

약 180만 년 전

인간이 불을 사용

지구가 외롭게 살아가다

지구의 주인이 인간이라고 생각하니? 글쎄, 내 생각은 좀 달라. 지구의 주인은 인간이 아니라 지구야. 어쩌면 지구는 지금 이렇게 생각하고 있을지도 몰라.

'어이구, 저 인간들, 자신들이 얼마나 별 볼일 없는 존재인지도 모른 채 주인공이라고 착각하며 사는구나.'

지구가 생긴 이후 지금까지 흐른 시간을 연필에 비유해 보면 너도 내 말에 어느 정도 동의할 거야.

지구의 나이는 약 4,600,000,000살이야. 하지만 45억 번이 훨씬 넘게 생일을 맞을 때까지 아무도 축하해 주지 않았어. 지구에는 아직 사람 비슷한 것도 없었거든.

공룡 멸종 이후
최초의 인간이 탄생하기까지 걸린 시간 > 인간 탄생 이후
네가 태어날 때까지 걸린 시간

지구 나이 연필 지구의 나이가 그림처럼 연필 길이 정도라고 상상해 봐. 그러면 인류의 첫 조상이 나타난 뒤 지금까지 걸린 시간은 고작 오늘 저녁 일기를 쓰고 나면 닳아 버릴 연필심 길이 정도밖엔 되지 않아.

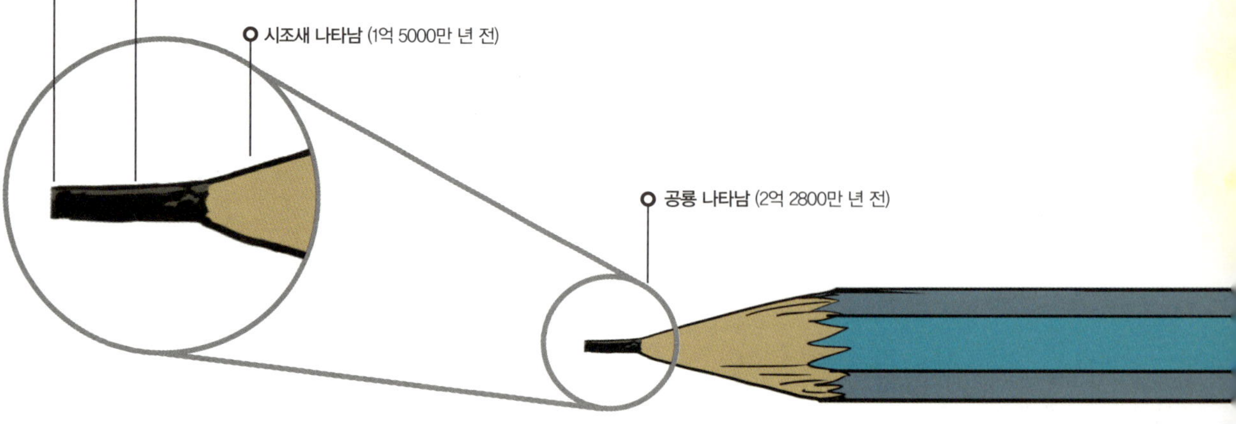

너, 아래 그림에서 잘못된 게 뭔지 아니?

사실 사람과 공룡은 같이 살아 본 적이 없어. 인류의 조상이 처음 지구에 나타났을 때, 공룡은 이미 사라지고 없었거든.

인류의 조상, 허리를 펴고 손과 머리를 쓰기 시작하다

미리 말해 두지만, 인류가 언제 처음 생겨났는지는 누구도 몰라. 새로운 화석이 발견될 때마다 인류 탄생의 시간이 더 옛날로 쭉쭉 올라가거든.

어쨌건 최초의 인류가 나타난 곳은 아프리카였어. 그런데 왜 하필 아프리카였을까? 인류가 나타날 무렵, 지구는 지금과는 아주 많이 달랐어. 지구 대부분이 얼음으로 덮여 있었대. 그래도 따뜻한 햇빛이 내리쬐는 아프리카에는 식물이 무성했어. 그러니 인류의 첫 조상도 아프리카에서 나타날 수밖에.

아프리카에서 400만 년 전에 살았던 조상의 화석이 발견되었는데 '오스트랄로 피테쿠스'라고 불러. '남쪽의 원숭이'라는 뜻이야. 이름에서 알 수 있듯이 인간이라기보다는 원숭이에 가까웠지.

약 180만 년 전, 인류의 조상에게 큰 변화가 생겼어. 허리를 펴서 꼿꼿이 선 거야. 이들을 '호모 에렉투스'라고 부르는데 '꼿꼿하게 선 사람'이란 뜻이지. 불을 사용하기 시작한 것도 이 무렵부터라고 해.

약 20만 년 전, 머리가 좀 더 크고 지혜로운 인류가 나타났어. 이들을 '호모 사피엔스'라고 부르는데, 현재 우리의 진정한 조상이야.

호모	+	사피엔스	→	호모 사피엔스
'사람'이란 뜻		'지혜'라는 뜻		지혜로운 사람

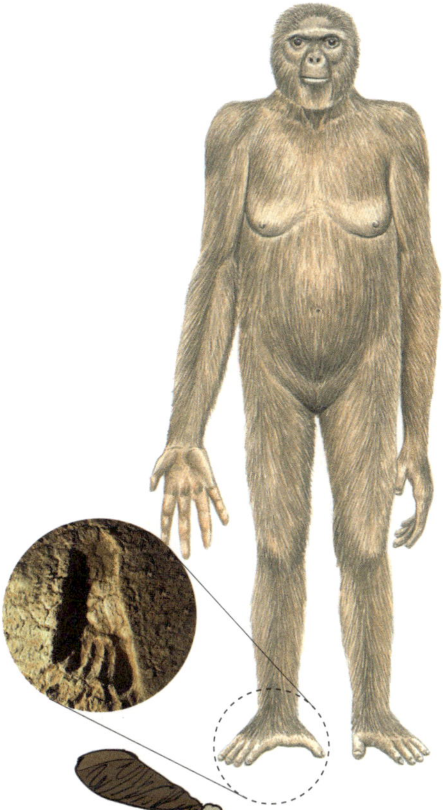

루시 루시는 약 320만 년 전에 살았던 것으로 추정되는 여자 화석이야. 과학이 발달하면서 화석의 DNA를 추적해 우리의 조상을 찾아갈 수 있게 되었어.

인류의 진화 과정 인류의 조상이 단계적으로 하나가 멸종하면 다음 조상이 나타났는지, 아님 여러 종류의 조상들이 함께 살다가 그중 환경에 가장 잘 적응한 한 종류가 살아남아서 지금의 우리가 되었는지는 학자들 사이에서도 의견이 갈려.

구석기 시대, 돌을 떼어 내어 도구를 만들다

뗀석기 제작 과정

"탁탁, 탁탁, 탁!"

누군가 단단한 돌로 다른 손에 쥔 돌의 끝을 쳐 내고 있어. 뭉뚝했던 돌 끝이 깨져 나가자 이내 날카로운 날이 생겼어.

300만 년 전 쯤부터 우리 조상들은 돌을 가지고 도구를 만들었어. 돌을 쳐서 떼어 내 만들었기 때문에 이 최초의 도구를 '뗀석기'라고 불러. 뗀석기를 사용한 시기를 '구석기 시대'라고 해. 약 300만 년 전부터 시작해서 약 1만 2000년 전까지가 모두 구석기 시대야.

처음에는 필요할 때마다 그때그때 만들어서 사용했을 거래. 만드는 게 어렵지도 않은데 그 무거운 뗀석기를 매번 들고 돌아다닐 필요는 없었을 테니까.

다양한 뗀석기 구석기 시대가 워낙 긴 시간이다 보니 뗀석기에도 변화가 있어.

구석기 시대 사람들의 생활 모습 구석기 시대는 인류 역사에서 가장 긴 시기였어.

구석기 시대 사람들이 배고픔을 해결하는 방법은 들과 산을 돌아다니며 먹을 수 있는 풀과 열매를 채취하는 거였어. 강이나 바닷가에서 조개를 잡는 것도 좋은 방법이었지. 가끔 사냥에 성공하는 날이면 고기를 맛볼 수도 있었어.

구석기 시대 사람들은 큰 무리를 지어서 살지는 않았을 거래. 많은 사람을 먹여 살릴 만큼 먹을 것을 충분히 구하는 게 쉽지 않았을 테니까.

불은 구석기 시대 사람들이 우리에게 물려준 최고의 선물이야. 잡은 동물을 익혀서 먹고, 추위도 이겨 낼 수 있게 되었지. 언어가 생긴 것도 구석기 시대라고 해. 도구 만드는 방법을 자손들에게 가르치려면 말이 필요했기 때문이래.

신석기 시대, 농사를 짓고 가축을 기르기 시작하다

"쓰윽 싹, 쓰윽 싹."

누군가 열심히 돌을 갈고 있어. 어쩌면 무뎌진 뗀석기를 수리하고 있는 건지도 몰라. 시간이 걸리긴 했지만 갈아서 만든 도구는 꽤 맘에 들었어. 더 날카로웠고 내가 원하는 모양으로 만들 수도 있었거든.

이 새로운 발명품을 '간석기'라고 불러. 돌을 다른 돌에 갈아서 만든 도구라는 뜻이지. 간석기를 사용한 이 시기를 '신석기 시대'라고 해.

신석기 시대 사람들의 생활 모습 신석기 시대에 사람들은 농사를 짓고 가축을 기르기 시작했어.

신석기 시대는 오랜 빙하기가 끝나면서 시작되었어. 약 1만 2000년 전쯤이야. 이 무렵 사람들은 한곳에 머물러 사는 시간이 길어졌어. 주변에 먹을 게 없어지면 다른 곳으로 옮겨 살았어. 나중에는 아예 마을을 만들어서 정착하는 사람들이 생겨났어.

신석기 사람들은 엄청난 일을 해 내는데, 뭔지 아니? 바로 농사를 짓고 가축을 기른 거야! 에계, 그게 뭐 그리 대단하냐고? 들어 봐. 농사를 짓는다는 건 자연의 지배를 받던 인간이 자연을 이용하고 개발하기 시작한다는 걸 의미해.

물론 신석기 시대 대부분은 여전히 농사보다는 채집으로 구한 식량이 더 많았던 시기이긴 해. 그래도 농사 기술이 발달할수록 수확량이 늘었고, 수확량이 늘수록 더 많은 사람을 먹여 살릴 수 있게 되었어. 정작 신석기 시대 사람들은 알지 못했겠지만, 농사를 짓기 시작하면서 문명과 국가가 탄생할 수 있는 기초가 하나씩 하나씩 닦여 갔어.

신석기 시대 마스크 기원전 약 7000년의 신석기 시대 마스크야.

풍요의 여신 기원전 약 6000년 진흙으로 만든 여신 모습이야. 농사를 짓기 시작하면서 사람들은 수확을 많이 하게 해 달라고 빌었을 거야.

밀을 저장하기 위한 토기 농사는 새로운 발명을 낳았어. 농사와 관련된 것을 만들어야 했거든.

문명이 발생되기 전, 사하라는 사막이 아니었다

“삼촌, 이번에 여행할 곳은 어딘가요? 삼촌과의 첫 여행이니 재밌고 신나는 곳이면 좋겠어요.”

“그럼 상상해 보렴. 뜨거운 태양, 그 아래 펼쳐진 모래…….”

“와! 바닷가로 가나요? 바나나 보트 타고 싶어요!”

“미안한데 조금만 더 들어 볼래? 끝없이 펼쳐진 모래, 세상에서 가장 큰 사막, 사하라란다.”

“무슨 여행을 사막으로 가요? 우린 어린왕자가 아니라고요.”

“알아. 어린왕자는 무슨, 순 말썽꾸러기들이지. 사하라 사막에는 선사 시대 사람들이 그린 암각화가 남아 있어. 그걸 보러 갈 거야.”

타르라르트 아카쿠스 북아프리카의 사하라 사막에 있어. 벽화를 통해서 옛날의 이곳은 사막이 아니었음을 알 수 있어.

타르라르트 아카쿠스에는 선사 시대 사람들이 그리거나 새긴 그림이 남아 있어. 가장 오래된 것은 1만 4000년 전에서 1만 년 전쯤에 그려졌는데 코끼리와 코뿔소처럼 덩치 큰 동물 그림이지. 이 그림을 통해 선사 시대의 사하라는 초원이었다는 걸 알 수 있지. 6000년 전쯤 그려진 그림에는 종교 의식 장면과 가축을 기르는 모습도 있어.

"어때? 사막에서 인간의 흔적을 본 소감이? 삼촌은 그 옛날부터 그림을 그리려고 했던 인간의 예술혼에 놀랐단다. 이런 창조 본능이 인류의 발전을 낳은 게 아닐까?"

"글쎄요. 저는 앞으로 삼촌과 계속 여행을 다니는 것이 좋을지 진지하게 생각해 본 시간이었는데요."

벽에 새겨진 코끼리 그림

야자수 사하라도 한때는 야자수가 자라던 초원이었다는 걸 보여 주는 그림이야.

초식 동물을 쫓는 육식 동물, 그 뒤를 쫓는 사람의 모습
당시 초원은 이렇게 쫓고 쫓기는 삶의 현장이었을 거야.

가축 이미 가축을 기르고 있었다는 걸 알 수 있어.

활을 사용하는 사람들의 모습
개를 길러서 사냥에 이용한 것도 알 수 있어.

360만 년 전, 소년에게 무슨 일이 있었던 걸까?

아프리카의 세렝게티 국립공원 근처에서 사람 발자국 화석이 발견되었어. 360만 년 전에 살았던 인류의 발자국이었지. 비록 발자국뿐이었지만, 그 안에는 많은 이야기가 담겨 있어.

3명이 걷고 있었어. 어쩌면 4명인지도 몰라. 어쨌든 늙은 남자와 젊은 여자, 그리고 10살 안팎의 소년이 걸어간 건 확실해. 남자와 여자는 느릿느릿 걷고 있었어. 하지만 소년은 그 느린 걸음이 답답했나 봐. 두 사람에게 가까이 다가가기도 했고, 성에 안 차는 듯 호수 쪽으로 달려가기도 했어. 이때 언어가 있었는지는 알 수 없지만, 어쩌면 빨리 가자고 두 사람에게 투덜댔을지도 몰라.

두 사람이 천천히 걷는 건 늙은 남자 때문이었을 거야. 늙은 남자는 얼마 정도 가다가 몸을 굽혀 네 발로 기기 시작했어. 젊은 여자의 발자국이 남자

라에톨리 발자국 화석 움푹 들어간 발바닥과 엄지발가락의 위치로 이 발자국의 주인공들이 똑바로 서서 걸었다는 것을 알 수 있어.

주위에 이리저리 나 있어. 늙은 남자를 부축하려 했던 걸까? 반면에 소년은 이 상황이 싫었나 봐. 소년의 발자국 간격을 보면, 흥분해서 앞뒤로 왔다 갔다 했음을 알 수 있어.

그들이 골짜기 가운데쯤 다다랐을 때, 소년은 갑자기 펄쩍 뛰어올랐어. 뭔가를 위협하려는 듯. 그런 다음 이들의 발자국이 갑자기 흩어져 버려. 이들에게 무슨 일이 생긴 것이 분명해. 이후 늙은 남자의 발자국은 사라져 버렸고, 화산 쪽으로 되돌아간 소년과 여자의 발자국만 남아 있어.

이들에게 갑자기 무슨 일이 일어난 걸까? 사나운 동물의 공격을 받은 걸까? 목숨은 건졌을까?

아무것도 확실하지 않지만, 이들이 두 발로 걸었다는 것만은 틀림없어. 이들의 엄지발가락은 원숭이의 엄지와는 달리 날렵한 모양이야. 발바닥도 원숭이와 달리 가운데가 움푹 들어가 있었지. 이들이 똑바로 서서 걸었다는 증거야.

신석기 시대 사람들, 도시를 만들었을까?

신석기 시대 사람들이 농사를 짓고 가축을 기르기 시작했다는 건 알지? 구석기 시대와 달리 사람들이 많이 모여 살게 되었다는 것도. 한곳에 정착해서 살려면 집이 필요하지.

그런데 기후와 환경에 따라 집의 모양은 다양했어. 우리나라에 살았던 신석기 시대 사람들이 움집을 짓고 살았다면, 서아시아에서는 진흙으로 집을 짓기도 했지.

그러면 신석기 시대에 도시도 생겨났을까? 아직 명확히 말할 순 없지만 차탈휘위크는 꽤 도시 같은 모습을 갖추고 있었어. 차탈휘위크는 오늘날의 튀르키예에 있는 신석기 시대 유적이야. 호기심을 가지고 한번 둘러볼래?

차탈휘위크 유적지 상상화 기원전 9000년 전부터 사람들이 집을 짓고 살았어. 집이 낡아지면 부수거나 메워서 새로 지었는데, 집이 많아지면서 담이 서로 붙게 된 거야.

차탈휘위크 가옥 내부 구조

출입문 집의 출입문이 지붕으로 나 있어.

웅덩이 눈 녹은 물과 빗물을 처리하기 위한 것으로 여겨지는 웅덩이야.

화덕 음식은 진흙으로 만든 화덕에서 요리했어.

가축우리 집들 사이에는 가축 우리와 텃밭도 있어.

성소 신성한 방이 있는 집이 여럿 발견되었어. 신성한 방은 소뿔로 장식되어 있는데, 그 아래에는 죽은 가족이 묻혀 있기도 해.

마을 지도 벽화와 황소를 복원해 놓은 신성한 방 마을 집들이 벽에 지도로 표시되어 있어. 신석기 시대 사람들의 종교와 예술 생활을 엿볼 수 있어.

티그리스강과 유프라테스강 주변의 땅을 '비옥한 초승달 지역'이라고 불러. 최초로 농사를 짓고, 동물을 기르고, 도시를 건설하고, 문자를 발명하는 등 수많은 역사적 사건이 최초로 시작된 곳이야. 이전과는 비교할 수 없는 기술과 문화, 그리고 예술을 탄생시켰지. 이것을 '문명'이라고 해. 비옥한 초승달 지역에서는 인류 최초의 문명인 메소포타미아 문명이 탄생했어. 바로 옆 나일강에서는 이집트 문명이 탄생했지.

기원전 4000년경
메소포타미아 문명 시작

기원전 3100년경
메소포타미아에서
청동기 시대 시작

기원전 3500년경
이집트 문명 시작

2

문명의 탄생

기원전 2500년경

이집트에서 최초의 피라미드 건설

기원전 3000년경

상·하이집트 통일

두 강 사이에서 최초의 문명이 탄생하다

티그리스강, 그리고 저 멀리 또 다른 강, 유프라테스.

두 강이 실어다 주는 기름진 흙이 쌓인 이 땅을 훗날 사람들은 '메소포타미아'라고 불렀지. 약 1만 년 전, 인간은 이곳에서 처음으로 농사를 짓고 가축을 길렀어.

강은 비옥한 흙과 함께 무서운 재앙도 가져다주었지. 그래, 홍수야.

"7일 밤낮으로 홍수가 휩쓸 것이다. 인간의 씨를 말리기 위해 신이 그렇게 결정하셨다."

메소포타미아에서 발견된 글에서는 홍수에 대한 이야기가 자주 나와. 언제 홍수가 날지 모르지만 그렇다고 손 놓고 당하고만 있을 수는 없었어. 사람들은 함께 지혜를 모았지. 둑을 쌓고 저수지를 팠어. 자연에 복종하던 인간이 자연을 극복할 길을 찾기 시작한 거야.

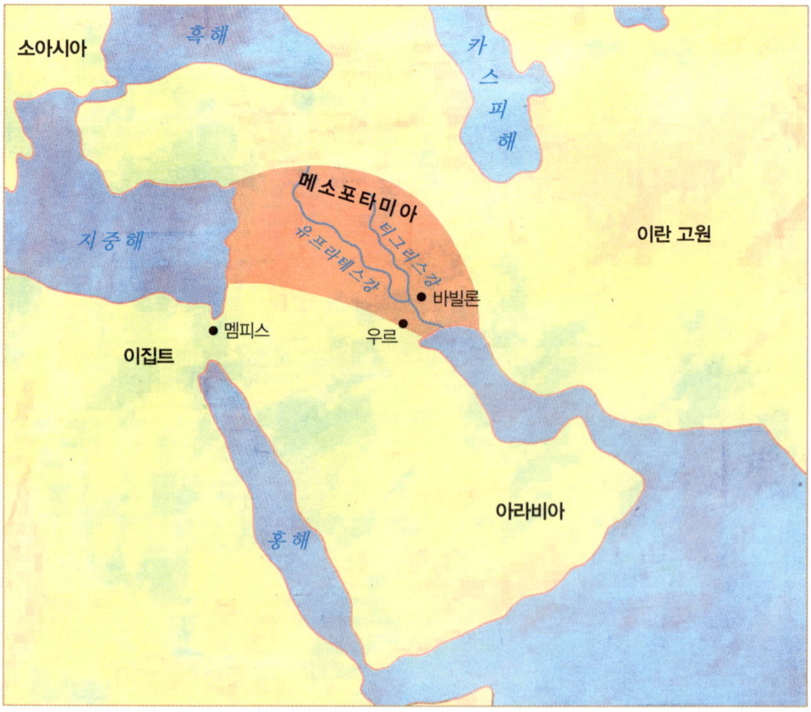

메소포타미아 지역

티그리스는 '창처럼 빨리 흐르는 강', 유프라테스는 '큰 강'이라는 뜻이야. 메소포타미아는 '두 강 사이의 땅'이란 뜻이지.

수메르의 도시 국가

처음 이곳에 터전을 잡은 사람들은 수메르인이야. 기원전 4000년쯤, 수메르인들은 메소포타미아 곳곳에 높은 성벽을 쌓고 도시를 건설했어. 도시마다 모시는 신이 있어서 도시 중심에는 신전을 높이 쌓았어. 신을 모시는 사제가 권력을 쥐고 있는 사회였지.

"난 자네에게 양 2마리를 팔았네. 이 점토판에 기록해 둘 테니 다음에 은화 2개로 값을 치르게."

사람들이 모여 살려면 약속과 계약이 필요해. 그런데 약속과 계약은 말로 하는 것만으로는 부족했어. 그래서 메소포타미아 사람들은 글자를 발명했어. 점토판에 나뭇가지로 눌러 쓴 글자였지. 점토판에는 수많은 계약, 문학과 신화 그리고 수학이 기록되었어.

점토판 메소포타미아에서 사용한 문자를 '쐐기 문자'라고 불러.

나일강을 따라 이집트 문명이 탄생하다

메소포타미아에서 사람들이 농사를 짓기 시작할 무렵, 북아프리카의 초원에 비가 내리지 않는 날이 많아졌어. 사람들은 물을 찾아 나일 강가로 모여들었지. 나일강도 홍수가 문제이긴 했는데, 이곳의 홍수는 뭔가 좀 달랐어.

"해마다 동쪽 지평선에 저 별이 빛날 때 홍수가 시작되고, 60일 뒤에는 어김없이 물이 빠지는구나."

해마다 똑같은 시기에 홍수가 시작된다는 걸 알아내자, 사람들은 홍수가 날 때를 피해 농사를 지었어. 홍수가 가져다준 양분 가득한 흙 덕에 풍년을 맞을 수 있었지. 기름진 흙과 편리한 뱃길은 나일강이 가져다준 선물이었어.

이집트인의 농사 농사짓는 모습이 그려진 이집트 벽화야.

나르메르 팔레트 뒷면 상이집트의 왕관인 흰색 모자를 쓴 나르메르가 하이집트를 정복하고 이집트를 통일한 것을 기념하는 석판이야.

1. 나르메르가 하이집트의 왕을 곤봉으로 내리치고 있어.
2. '호루스'라는 신이야.
3. 하이집트를 상징하는 파피루스가 호루스에게 짓밟히고 있어.
4. 왕권을 상징하는 신발을 나르메르에게 전해 주고 있어.

풍족한 수확물 덕에 재산이 쌓였고, 재산이 많을수록 권력도 커져 갔어. 권력은 마침내 왕을 탄생시켰지. 나일강 상류에 상이집트 왕국, 하류에 하이집트 왕국이 생겨났어. 왕을 '파라오'라고 불렀고, 신의 아들이라고 여겼지.

기원전 3000년쯤에 두 개의 이집트가 통일되었어. 이후 이집트에는 26개나 되는 왕조가 들어섰는데 고왕국 · 중왕국 · 신왕국 시대로 구분해.

이집트 사람들은 피라미드와 스핑크스를 만들고, 그림처럼 생긴 글자도 발명했어. 신전 벽은 파라오와 신을 찬양하는 글로 가득했지. 1년 내내 구름 끼는 날이 없었기 때문에 태양을 관찰해서 달력을 만들었어. 1년을 365일로 하는 달력이었지.

메소포타미아와 이집트 문명, 같은 듯 다른 두 문명

메소포타미아와 이집트는 비슷한 시기에 비슷한 환경에서 문명을 탄생시켰어. 둘 다 거대한 건축물을 짓고, 도시를 건설하고, 문자를 만들었지. 수레바퀴를 만든 것까지도 비슷했어. 이웃한 인류 최초의 두 문명, 그러나 둘은 비슷한 점만큼이나 다른 점도 많았어.

메소포타미아는 사방으로 열린 땅이야. 수많은 사람이 오가며 섞여 살았기 때문에 약속과 계약이 무엇보다 중요했어. 이곳에서 일찍이 법이 만들어진 이유지. 메소포타미아에 건설된 도시 하나하나는 독립된 국가였어.

반면, 이집트는 나일 강가를 제외하면 사막으로 막혀 있어. 외부로 나가기도, 외부에서 들어오기도 쉽지 않지. 한 명의 파라오가 이집트 전체를 지배하는 것이 쉬웠던 이유야.

라마수 사람 얼굴에 짐승의 몸을 가진 조각상을 메소포타미아에서는 '라마수', 이집트에서는 '스핑크스'라고 불러.

지구라트 메소포타미아에서는 도시 국가마다 신을 모시는 신전을 지었는데 그게 지구라트야.

사자의 서 이집트 사람들이 죽은 후의 세상을 믿었다는 걸 알 수 있어.

두 문명 모두 신을 섬겼지만 죽음에 대한 생각은 달랐어. 메소포타미아는 죽은 뒤의 세계에 대해서는 별 관심이 없었어. 사람들은 사는 동안 복을 받거나 벌을 피하려 신을 찾았어. 반면에 이집트는 저승 세계에 관심이 많았어. 영혼이 육체로 돌아와서 다시 살아난다고 믿었기 때문에 시체를 썩지 않게 하려고 미라를 만들었어.

지구라트와 피라미드는 이 차이를 잘 보여 줘. 메소포타미아의 지구라트는 살아 있는 사람들이 빌러 가는 신전이지만, 이집트의 피라미드는 파라오가 부활을 준비하는 무덤이었지.

피라미드 이집트 파라오의 무덤이야. 이집트 사람들은 미라 상태로 모셔진 파라오가 이곳에서 신으로 부활한다고 믿었지.

출발! 세계 속으로

세상은 시간을 두려워하고, 시간은 피라미드를 두려워한다

삼촌이 수수께끼를 낼 테니 한번 맞혀 봐. 아침에는 네 발, 점심에는 두 발, 저녁에는 세 발로……. 다 아는 문제라고? 답이 스핑크스라는 걸 안다니, 스핑크스가 지키던 피라미드를 보러 갈 자격이 있구나. 그럼, 피라미드가 있는 이집트의 기자로 가 볼까.

피라미드는 대부분 이집트 고왕국 시대에 만들어졌어. 옛날 그리스 역사가의 말에 따르면, 10만 명이 3개월씩 교대로 20년에 걸쳐 이 피라미드를 만들었다는구나. 철이 발명되기 전이니 쇠망치 하나 없었을 텐데 대단하지!

이집트 사람들이 이런 고생을 하면서도 굳이 피라미드를 만든 이유는 무엇일까? 그건 바로 다시 살아날 거라는 믿음 때문이야.

이집트 사람들은 사람이 죽으면 영혼이 잠시 저승에 갔다가 죽은 몸으로 다시 들어와서 살아난다고 믿었어. 그래서 피라미드를 지어 놓고 그 속에 미라로 만든 파라오를 모신 거야.

피라미드 공사에 참가한 사람들의 이야기가 적힌 파피루스가 발견되었는데, 거기에는 왕을 찬양하는 내용과 함께 이런 글이 쓰여 있었대.

"기분 좋게 집으로 돌아와 빵을 배불리 먹고 맥주를 마셨다."

인류 최초의 학교, 그리고 어느 불량 학생의 이야기

이미 5000년 전에 수메르에는 학교가 있었어. 아무나 다닐 수는 없었고, 부유하고 힘 있는 집 자식들만이 학생이 되었지. 공부는 점토판에 적힌 글자를 외우고 쓰는 것이 다였어. 글을 쓸 줄 알기만 해도 높은 관리가 될 수 있었거든. 당시 학생들은 선생님을 '학교 아버지'라고 불렀대. 점토판에 쓴 글이 남아 있는데, 오늘날의 우리랑 너무 비슷해서 깜짝 놀랄 거야.

어느 학교 아버지의 이야기

아버지께서 "무엇을 했느냐?"라고 물으셨다.

나는 "점토판에 적힌 글자를 외우고, 학교 아버지께서 내 주신 문장을 점토판에 적었습니다. 다음 날 어머니께서 도시락으로 빵 2개를 싸 주시는 동안, 저는 아침 식사 준비하는 걸 도와 드렸죠. 그러다 학교에 늦었어요. 학교 아버지께 꾸중을 듣고 수업을 시작했습니다. 그런데 학교 아버지께서는 제 글씨가 엉망이라고 매로 때리셨어요."라고 대답했다.

이 얘기를 들은 아버지는 학교 아버지를 집으로 초대해서 술과 식사를 대접했다. 새 옷을 선물하고, 학교 아버지의 손가락에 직접 반지도 끼워 주었다. 기분이 좋아진 학교 아버지가 갑자기 나를 칭찬하기 시작했다.

"얘야, 너는 내 말만 잘 듣고 열심히 공부한다면, 이 세상에서 글자를 가장 잘 쓰는 사람이 될 거다. 다른 아이들보다 우수한 학생이 될 거고, 반장이 될 수도 있을 거야."

이집트의 기록하는 사람 글을 쓰는 사람이 그려진 이집트 고왕국 시대의 벽화야. 이집트에서는 벽이나 파피루스에 글을 썼어.

어느 불량 학생의 이야기

아버지가 물었다.

"어디 갔다 왔느냐?"

"아무 데도 안 갔어요."

"왜 집에서 빈둥거리고 있니? 학교에 가서 학교 아버지께 숙제 검사를 받고, 점토판에 글쓰기 연습을 하고 오너라. 공부가 끝나면 거리를 쏘다니지 말고 바로 집으로 와라. 내 말 알아들었니?"

"알았어요."

"내가 뭐라고 했는지 말해 봐라."

"아, 이따 말씀드릴게요."

"지금 말해라!"

"학교 가서 숙제 검사 받고, 글씨 연습하고 오라고요."

"얘야, 철 좀 들어라. 사람들 많은 곳에 기웃거리지 말고, 길거리도 함부로 쏘다니지 좀 마라. 학교 아버지께도 제발 공손하게 굴고. 내가 너에게 다른 아이들처럼 나무를 해 오라고 했니, 돈을 벌어 오라고 했니? 친척들도 네가 문제라고들 하더구나. 아버지는 너 때문에 밤낮으로 힘들어 죽겠다. 제발 네 형이랑 동생을 좀 본받아라."

어때, 5000년 전이나 지금이나 학생들은 참으로 고달프지? 그나저나 오늘부터라도 일기를 잘 써야겠어. 혹시 알아? 몇 천 년 뒤에 후손들이 내 일기를 보게 될지.

수메르 서기 글 쓰는 사람의 조각상이야. 학교 아버지가 이런 모습이었을까?

메소포타미아 문명일까, 이라크 문명일까?

메소포타미아 문명을 처음 일으킨 사람들이 누군지 아니? 맞아, 수메르인이야. 그럼 '메소포타미아'가 어느 나라 말인지도 아니? 나도 이 질문을 처음 받았을 때 당연히 수메르 말일 거라고 생각했어. 그런데 정답은 그리스어였어.

왜 수메르 사람들이 이룩한 문명을 그리스어로 부르는 걸까?

여기에는 비밀이 하나 숨어 있어. 바로 '역사'라는 학문을 발전시킨 사람들이 그리스를 비롯한 유럽 사람들이기 때문이야. 그리스는 옛날부터 메소포타미아 지역과 밀접한 관계를 맺고 있었어. 때론 서로를 침략하고, 때론 장사를 하기도 했지. 그래서 그리스 사람들은 이 지역을 자신들의 언어로 표현해 왔어.

우르군기 수메르 문명이 전성기를 이루었던 우르의 왕 무덤에서 발견된 깃발 중 평화 시대 부분이야. 조개껍데기를 붙여서 모양을 만들었어.

반면에 원래 이곳에 살던 사람들은 이 지역을 '이라크'라고 불렀어. '강기슭' 또는 '낮은 땅'이라는 뜻이래.

이 지역을 그리스나 로마 제국의 말로 표현한 예가 또 있어. 메소포타미아와 이집트 지역을 합쳐서 '오리엔트'라고 부르는데, 이건 로마 제국의 말이야. '동쪽 땅'이라는 뜻이지. 맞아, 그리스나 로마 사람들이 볼 때 동쪽에 있어서 그렇게 부른 거야. 나중에 나오는 '페르시아'라는 말도 유럽 사람들이 만든 말이야.

어때, 우리는 '메소포타미아 문명' 대신 '이라크 문명'이라고 고쳐서 불러 보지 않을래?

수메르인 수메르 사람들은 자신을 '웅 상 기가'라고 불렀어. '검은 머리의 사람'이라는 뜻이지.

수메르의 소머리 악기

한 영화에 이런 말이 나오지. "하늘에 태양이 둘일 수 없는 법. 오늘 너와 나 둘 중에 하나는 여기서 죽는다." 메소포타미아 문명과 이집트 문명도 그랬어. 이 두 지역을 합쳐서 '오리엔트'라고 부르는데, 오리엔트 지역이 하나로 통일되는 운명은 피할 수 없는 것이었지. 메소포타미아 지역이 어떻게 통일되었고, 오리엔트는 또 어떻게 되었는지 살펴볼까?

기원전 2330년경

사르곤 왕이 아카드 왕국을 세움

기원전 1800년

함무라비 왕이 메소포타미아를 통일

3 오리엔트의 통일

기원전 753년
로마 건국

기원전 612년
아시리아 멸망,
오리엔트가 4개 나라로 다시 분리됨

기원전 671년
아시리아가 메소포타미아와
이집트를 통일함

메소포타미아가 통일되다

뜨겁게 내리쬐는 태양, 더위와 먼지로 숨이 턱턱 막히는 메소포타미아의 들판에 수메르와 아카드, 두 도시 국가의 병사들이 서로 맞서 있어. 수메르 병사들은 어깨와 어깨를 맞대고 마치 거북처럼 사방을 방패로 가린 채 짧은 창을 내밀고 전진했어. 그때였어.

"쓔욱! 쓱쓱!"

멀리서 날아온 화살이 방패를 비집고 들어와 수메르 병사들의 청동 갑옷을 뚫어 버렸어.

"두두둑, 두두둑."

뒤이어 아카드 병사들이 함성을 지르며 달려들었어. 나귀가 끄는 수메르의 전차도 적을 막기에는 역부족이었어.

수메르 전차 아직 바큇살이 발명되기 전이라 통바퀴를 단 전차는 무거워서 말이 끌지 못하고 나귀나 소가 끌어야 했어.

결국 전투 대형이 무너지고 수메르 병사들은 도망가기 시작했어. 단군이 고조선을 세웠다는 바로 그 무렵, 아카드는 주변 도시 국가를 하나씩 점령하더니 마침내 메소포타미아를 최초로 통일했어.

아카드는 정복한 나라를 힘으로 억눌렀어. 그러자 곳곳에서 반란이 일어났고, 통일은 오래가지 못했어.

그 후 메소포타미아를 다시 통일한 나라는 바빌로니아야. 바빌로니아의 함무라비 왕은 아카드의 실패에서 교훈을 얻었나 봐.

"나는 적을 모두 없애고 전쟁을 끝냈다. 그러니 백성을 평화로 다스리고, 지혜로 보호하겠노라."

왕은 세금을 공평하게 걷고, 법을 만들어서 백성을 공정하게 다스리려고 했어.

나람신 승전비 활과 도끼를 들고 적군을 짓밟는 아카드의 왕. 그 아래 아카드 병사들이 적을 물리치며 전진하고 있고, 오른쪽에 있는 사람은 살려 달라고 애원하고 있어.

이집트와 히타이트가 메소포타미아를 차지하려고 싸우다

메소포타미아와 이집트 모두 청동기를 사용하던 시기, 오늘날의 튀르키예 지역에 히타이트라는 나라가 나타났어. 히타이트는 세계 최초로 철을 만들어 쓰면서 강해졌고, 메소포타미아 지역까지도 넘보았지. 메소포타미아를 탐낸 건 이집트도 마찬가지였어. 둘 사이에 긴장감이 돌았지.

"히타이트 군대가 여기서 200킬로미터나 떨어진 곳에 머물고 있는 걸 봤습니다."

사막에서 잡혀 온 두 사람은 이집트의 파라오를 차마 똑바로 쳐다보지 못한 채 고개를 숙이고 말했어.

히타이트 전차 부조 히타이트와 이집트는 모두 전차에 바큇살로 된 바퀴를 달았어. 전차가 가벼우니까 말이 끌 수 있어서 전쟁에 효과적이었지.

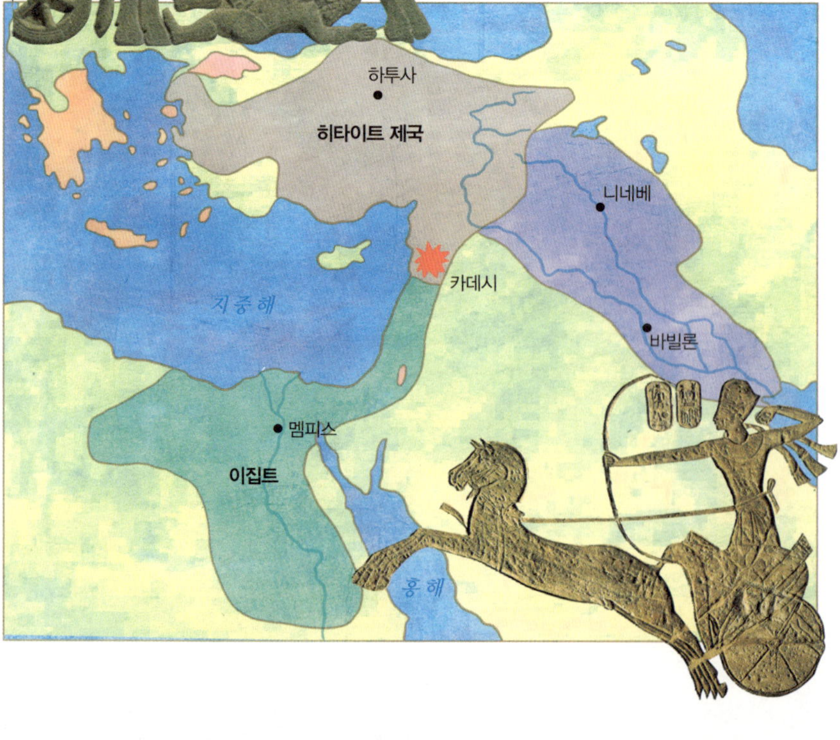

람세스 2세의 이집트의 전차
"나는 적의 전차병들이 내 말 앞에서 사방으로 쓰러지는 걸 보았다. 감히 아무도 내게 대적하지 못했다."라고 적혀 있지만, 사실 전쟁의 승리자에 가까운 쪽은 히타이트였어.

"좋아, 그렇다면 강을 건너 진군을 계속한다. 각 부대는 강을 건너 카데시에서 만난다."

파라오의 명령에 따라 이집트 군대의 반이 먼저 강을 건넜어. 그때 갑자기 히타이트의 전차 부대가 나타났어. 두 사람의 거짓말에 파라오가 속은 거야. 이집트군은 강을 건너 후퇴할 수밖에 없었어. 이 전투를 시작으로 이집트와 히타이트는 10년간 전쟁을 벌였지.

어느 날, 히타이트의 신하가 은으로 만든 판을 들고 이집트를 찾아왔어. 은판에는 이렇게 쓰여 있었어.

"이제부터 이집트 파라오와 히타이트 왕자는 영원토록 서로를 침략하지 않을 것을 신께 맹세한다. 만약 이집트와 히타이트 중 한 나라가 공격을 받으면 함께 그 적을 공격한다."

마침내 둘은 세계 최초의 평화 조약을 맺었어. 하지만 영원한 평화가 온 것은 아니야. 한쪽을 통일하면 반대편에 있는 문명까지 정복하고 싶은 야망이 생기기 마련이거든.

히타이트의 카데시 평화 협정문 히타이트는 점토판에 평화 협정문을 새겼어.

이집트의 카데시 평화 협정문 이집트는 신전 벽에 평화 협정문을 새겨 넣었지.

아시리아가 두 문명을 통일하다

히타이트와 이집트가 전쟁을 치른 후, 메소포타미아와 이집트에는 딱히 강자라고 할 나라가 없었어. 메소포타미아와 이집트 양쪽 모두 힘이 빠진 틈을 타서 아시리아라는 나라가 조용히 일어났어. 철로 만든 무기를 더욱 발달시킨 아시리아는 주변 나라들을 하나씩 정복해 나갔어.

“짐은 잔인하다. 들판을 피로 물들이는 무시무시한 폭풍우다.”

아시리아 왕의 말은 허풍이 아니었어. 적을 잔인하게 죽였고, 정복한 땅에 살던 사람을 다른 지역으로 끌고 가서 노예처럼 부렸지. 강력한 전차와 기마병으로 메소포타미아 지역을 모두 정복했어.

아시리아 오리엔트를 최초로 통일한 아시리아는 곧 망하고, 오리엔트는 다시 이집트, 리디아, 신바빌로니아, 메디아로 갈라졌어.

하지만 여기저기에서 반란이 일어났어. 아시리아가 강해지는 걸 원치 않았던 이집트가 반란군을 지원했지.

"반란을 진압하는 길은 두 가지다. 더 잔인하게 탄압하는 것, 그리고 반란을 돕는 이집트를 정복하는 것."

기원전 671년, 아시리아는 이집트로 쳐들어갔고 몇 년 만에 이집트를 모두 정복했어. 몇 천 년 동안 따로 떨어져 있던 이집트 문명과 메소포타미아 문명이 아시리아에 의해 드디어 하나가 된 거야.

하지만 아시리아는 60년 만에 멸망해. 오리엔트는 다시 4개로 쪼개지는데 이집트, 신바빌로니아, 리디아, 메디아였지.

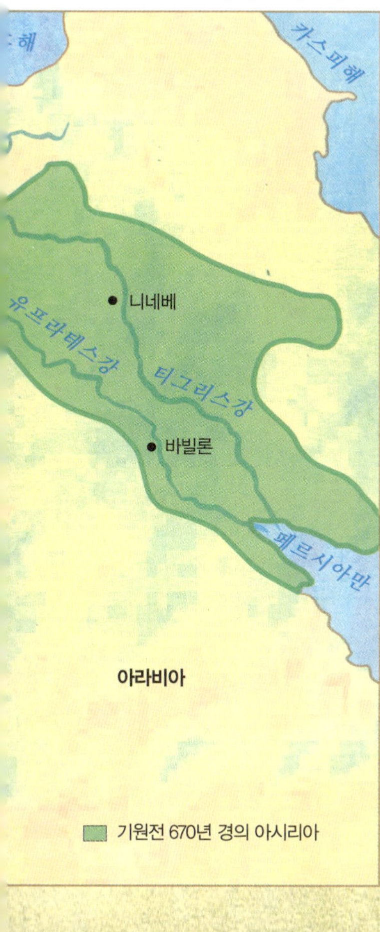

오리엔트, 유럽 문명의 뿌리가 되다

그리스가 메소포타미아와 이집트를 합쳐서 오리엔트라고 불렀다는 거 기억하니? 문명이 생겨난 이래로 이 지역에서는 수많은 나라가 생기고 또 멸망했어. 그중에는 지금까지도 영향을 끼치는 나라가 있어. 이스라엘, 그리고 페니키아야.

이스라엘이 전 세계에 영향을 준 건 바로 종교야. 이스라엘 사람들이 믿는 종교를 '유대교'라고 해. 유대교에서는 신은 오직 한 분이라고 믿어. 이런 걸 '유일신' 신앙이라고 하지. 유대교의 유일신 신앙은 나중에 크리스트교와 이슬람교에 영향을 주게 돼.

이스라엘 이스라엘은 북쪽의 이스라엘과 남쪽의 유다로 갈라졌다가 각각 아시리아와 신바빌로니아에 망한 후 2000년 동안 나라 없는 민족으로 살게 돼.

페니키아 정착지 페니키아 사람들은 지중해 여러 곳에 정착해서 살았어.

"페니키아인으로 해군을 조직해 유프라테스강을 따라 적을 공격하게 하라."

아시리아의 왕이 특별히 명령을 내릴 정도로 페니키아 사람들은 배를 잘 다뤘어. 페니키아는 지중해 동쪽 해안가에 있던 나라야. 배에 물건을 싣고 지중해를 누비며 장사를 하던 민족이지.

너 영어 잘하니? 알파벳의 뿌리가 된 글자가 바로 페니키아 문자야.

종교와 알파벳뿐만 아니라, 오리엔트 지역에서 발생한 문명은 바다 건너 그리스 문명에도 큰 영향을 주었어. 그리스 문명은 유럽 문명의 뿌리가 되었지. 유럽 문명의 진짜 뿌리가 어딘지 이제 알겠니?

페니키아의 알파벳 페니키아 알파벳이 그리스로 전해진 후 지금의 알파벳이 되었다는데 난 왜 그저 암호 같기만 할까?

출발! 세계 속으로

신바빌로니아의 영광, 바빌론

여행을 하다 보면 말이 안 통해서 힘들 때가 많지? 《성경》에 이런 이야기가 나와. 원래 세상의 언어는 하나였는데 사람들이 '바벨탑'을 쌓아서 하늘에 가 닿으려 하자 신이 언어를 다 다르게 만들어 버렸대. 오늘은 그 현장이었던 '바빌론'에 가 볼 거야. 오늘날 이라크의 수도인 바그다드 남쪽에 있지.

바빌론은 '신바빌로니아'의 수도였어. 신바빌로니아는 메디아 등과 연합해서 아시리아에 맞선 나라야. 얼마 후에는 메소포타미아의 대부분을 장악하는 강자가 되지. 이스라엘 민족이 세운 유다 왕국을 정복한 뒤 사람들을 끌고 와서 노예로 삼은 이야기가 《성경》에 나와.

바빌론의 복원 모습 바빌론은 해자로 둘러싸여 있었어. 다리를 건너야만 들어갈 수 있는 요새 도시였지.

바빌론 발굴
20세기 초에 독일 학자 로베르트 콜데바이는 모래 속에 묻힌 바빌론을 발굴했어.

바빌론은 유프라테스 강가에 세워졌어. 15만 명이 사는, 당시 세계 최대의 도시였지만 도시 곳곳을 연결한 수로 덕에 물이 풍족했어. 지하에는 하수관을 설치했고 길은 아스팔트로 포장되어 있었지. 《성경》에 나오는 바벨탑은 아마 바빌론의 신전이었을 거야.

기원전 539년에 신바빌로니아는 페르시아의 공격을 받고 멸망해. 이후 바빌론은 철저히 파괴되는데, 반란군이 군사용 감시탑으로 쓸 수 있다는 이유로 바벨탑도 파괴되고 말지.

바빌론의 이슈타르 문
문에 쓰인 푸른색 벽돌은 온도가 1400도 이상이어야 만들 수 있는 최첨단 제품이었지. 이슈타르 문 안쪽에는 용(바빌론의 신 마르둑), 사자(왕), 황소(폭풍우의 신)가 조각되어 있어. 지금은 독일 베를린 페라가몬 박물관에 있어.

바벨탑이 그려진 석판 오른쪽에 있는 사람은 바빌론을 건설한 네부카드네자르 2세로 여겨져.

돌에 새긴 메소포타미아의 통일 법, 함무라비 법전

"아, 왜요? 제가 알아서 할 테니 신경 쓰지 마세요!"

우리 착한 조카는 부모님께 이렇게 말한 적 없지? 혹시 있었다면 조심해. 만약 지금이 바빌로니아 시대였다면 넌 집에서 쫓겨났을 테니까. 무슨 말인지는 이곳 프랑스의 루브르 박물관에서 알려줄게.

여기서는 유물을 딱 하나만 볼 거야. 저기 검은 돌기둥 보이지, 바로 저거야. 함무라비 법전이라는 거지. 함무라비 왕은 메소포타미아를 두 번째로 통일한 사람이야.

메소포타미아 지역은 여러 민족이 뒤섞여 살던 곳이란다. 서로 다른 전통을 가진 사람들을 하나로 묶기 위해 가장 필요했던 게 뭔지 아니? 바로 법이었어. 함무라비 왕은 넓어진 나라를 군대의 힘이 아닌 법으로 다스리기를 원했어. 그리고 그 법은 나라 어디에서건, 시간이 얼마가 흐르건 변치 않기를 바랐어. 법을 돌에 새긴 이유이지.

"눈에는 눈, 이에는 이!"

함무라비 법을 두고 당한 만큼 복수를 하도록 하는 법이라고 생각하는 사람들이 많아. 하지만 이 말은 맞기도 하고 틀리기도 해. 무조건 복수할 수 있게 한 건 아니고, 신분에 따라 차이를 두었거든.

신에게 기도하는 함무라비 왕

1조	다른 사람을 살인죄로 고발한 사람이 그것을 증명하지 못하면 고발한 사람을 사형시킨다.
14조	어린이를 납치하면 사형에 처한다.
169조	아들이 아버지에게 큰 잘못을 하면 한 번은 용서해 주고, 두 번 그러면 자식을 내쫓을 수 있다.
195조	아들이 아버지의 뺨을 때리면 그 손을 자른다.
196조	자유인의 눈을 뺀 자는 그 눈을 뺀다.
197조	자유인의 뼈를 부러뜨린 자는 그 뼈를 부러뜨린다.
198조	노예의 눈을 빼거나 뼈를 부러뜨린 자는 은으로 벌금을 낸다.

함무라비 법전 점토판

신(오른쪽 앉은 이)이 함무라비 왕(왼쪽 서 있는 사람)에게 권력을 상징하는 고리와 지팡이를 주고 있어.

함무라비 법전비 법전에는 이런 내용도 있어. "태양신께서 이 세상에 빛을 준 것처럼 백성의 행복을 위해 이 세상에 정의를 주노라. 강자가 약자를 못살게 굴지 않도록, 과부와 고아가 굶주리지 않도록, 평민이 관리에게 시달리지 않도록……."

강에 버려진 이 아이는 누구일까?

책 읽느라 피곤하지? 그럼, 잠깐 쉬는 의미에서 수수께끼를 하나 낼 테니 맞혀 봐. 이 사람은 누구일까?

나의 어머니는 신을 모시는 사제셨다.
아버지가 누구인지 나는 모른다.
어머니는 나를 몰래 낳은 뒤 골풀로 엮은 바구니에 담아 유프라테스강에 띄워 보냈다.
물을 길던 여인이 바구니 속에 누워 있는 나를 발견했다.
여인은 나를 데려다가 아들로 삼고 키웠다.

사르곤의 얼굴

사르곤의 비문 사르곤의 출생에 대한 이야기가 적혀 있는 점토판이야.

너무 어렵니? 그래도 어른 찬스는 쓰지 않는 게 좋아. 어른들은 아마 성경에 나오는 모세라고 말할 테니까. 정답은 아카드의 왕, 사르곤이야. 사르곤은 메소포타미아 지역을 최초로 통일한 왕이야. 전설을 계속 얘기해 줄게.

사르곤은 수메르의 도시 국가에서 왕의 물 잔을 나르는 하인이 되었어. 청년이 된 사르곤은 왕을 죽이고 도시 국가를 차지해. 천한 하인에서 한 나라의 왕이 되었지만 만족할 수 없었나 봐. 사르곤은 다시 메소포타미아의 모든 도시 국가를 차지하기로 마음먹었어.

사르곤이 가장 힘센 도시 국가로 쳐들어갔을 때야. 그 나라의 왕은 무려 50개나 되는 작은 도시 국가를 이끌고 맞섰어. 승리는 누구에게 돌아갔을까? 맞아, 사르곤이야. 전쟁에 진 왕은 쇠사슬에 묶여 성문으로 끌려 나오는 수모를 당했대. 사르곤은 나머지 도시 국가를 차례로 정복하고, 마침내 메소포타미아를 통일했어.

포로를 이송하는 아카드 군인 아카드 군 병사가 포로를 끌고 가는 모습이야.

아시리아가 오리엔트를 통일한 것 기억하지? 그런데 오리엔트의 주인이 바뀌는 일이 벌어져. '아리안' 이라고 불리는 사람들이 이동해 와서 페르시아를 세우고 오리엔트를 다시 통일하거든. 페르시아는 오늘날의 이란이야. 수메르나 이집트 사람이 아닌 이란 사람이 오리엔트의 주인이 된 거야. 아기 예수가 태어나던 밤, 밝게 빛나는 별을 보고 찾아온 동방 박사가 바로 페르시아 사람이야.

기원전 525년

페르시아가 이집트를 정복하고
오리엔트 통일

기원전 559년

키루스 2세가
아케메네스 페르시아 건국

4

오리엔트의 새 주인 페르시아

226년
사산 페르시아 건국

기원전 330년
페르시아가 알렉산드로스 대왕에게 멸망

페르시아가 오리엔트의 새 주인으로 등장하다

오리엔트를 최초로 통일했던 아시리아가 멸망한 후, 오리엔트는 이집트, 신바빌로니아, 리디아 그리고 메디아로 갈라졌어.

메디아는 오늘날의 이란 땅에 있었는데, 중앙아시아에서 온 사람들이 세운 크고 작은 나라의 연합국가였어. 아케메네스라는 사람이 세운 작은 나라도 그중 하나일 뿐이었지. 그런데 키루스 2세가 왕이 된 후 모든 것이 변했어.

키루스 대왕은 메디아를 모두 차지하고 페르시아를 건국했어. 그리고 뒤이어 리디아와 신바빌로니아를 정복했어. 키루스 대왕은 정복한 지역의 문화와 종교를 인정해 주었고, 노예로 살고 있던 사람들을 고향으로 돌려보냈어.

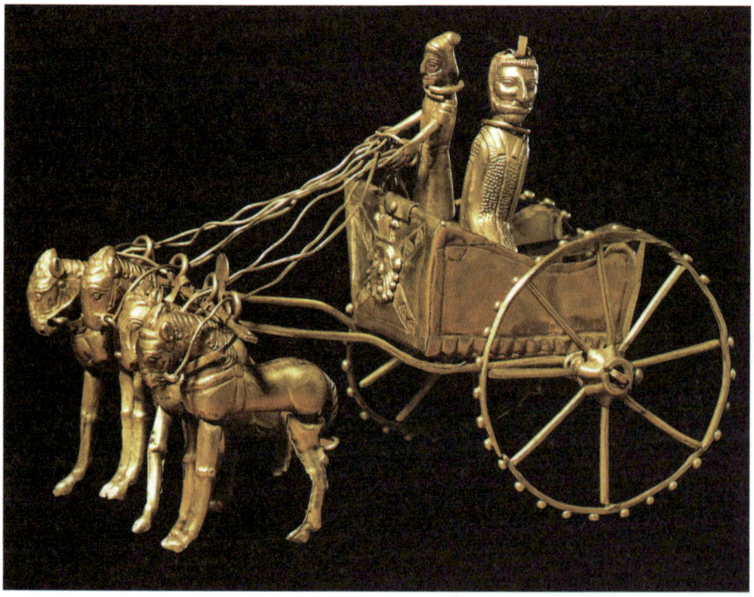

메디아의 황금 전차 전차에 탄 메디아 전사. 이들은 스스로를 '아리안(고귀한 사람)'이라고 불렀어. 이란은 '아리안의 땅'이라는 뜻이야.

페르시아 이후에도 페르시아라는 나라 이름이 여러 번 등장하기 때문에 첫 조상의 이름을 따서 '아케메네스 페르시아'라고 부르기도 해.

키루스의 원통형 비문
이 비문에는 모든 백성을 평등하게 대하고, 종교의 자유를 준다는 내용이 쓰여 있어.

키루스 대왕이 죽은 뒤에도 페르시아의 영광은 계속되었어. 그의 아들은 이집트마저 정복하고 오리엔트를 다시 하나로 만들었지. 이제 오리엔트의 새 주인은 수메르나 이집트 사람이 아닌 페르시아 사람이 된 거야.

다리우스 대왕,
페르시아 제국을 하나로 연결하다

여러 민족, 여러 나라를 정복해서 거느리는 큰 나라를 '제국'이라고 해. 다리우스 1세는 페르시아를 제국으로 발전시켰어. 동쪽으로는 인도 북부를 정복하고, 서쪽으로는 그리스의 도시 국가들을 정복했어. '왕 중의 왕', 사람들은 다리우스 1세를 이렇게 불렀어.

"제국을 23개로 나누고, 각 지역에 내 명령만 따르는 감독관을 파견해 다스리게 한다. 각 지역의 감독관이 내 말을 잘 수행하고 있는지 감시하여 내게 보고하라."

'왕의 눈', '왕의 귀'라 불리는 감시꾼 덕분에 페르시아의 왕은 궁전에 가만히 앉아서도 나라 구석구석의 사정을 다 알 수 있었어.

비스툰 비문 부조 아후라 마즈다 신(가운데 위)이 내려다보는 가운데, 반란을 일으킨 사람들이 다리우스 대왕 앞에 끌려 나오고 있는 모습이야.

다리우스 대왕은 제국을 하나로 묶는 작업도 잊지 않았어. '왕의 길'이라고 불리는 길을 이용해서 제국 곳곳을 연결했는데, 이 길을 따라 제국의 소식과 왕의 명령이 학처럼 빨리 왔다 갔다 했지.

글자와 화폐를 통일하고, 길이와 무게를 재는 방법도 통일했어. 모든 것이 페르시아 제국 아래 하나로 통일되었어.

페르시아 제국 왕의 길에는 24킬로미터마다 역을 설치해 쌩쌩한 말로 갈아탈 수 있게 했어. 그래서 제국 어디든 14일이면 소식을 전할 수 있었지.

사산 페르시아가 이란 지역을 다시 통일하다

페르시아는 마케도니아의 그 유명한 알렉산드로스 대왕에게 망해. 이후 100여 년 동안 오리엔트는 그리스인과 로마인의 땅이 되었지.

"흡!"

말 아래 납작 웅크리고 있던 사내가 낮은 비명을 질렀어. 고통 때문이 아니라 치욕스러웠기 때문일 거야. 말에 오르는 디딤돌 역할을 하고 있는 이 사내는 놀랍게도 로마의 황제였어. 그리고 그의 등을 밟고 올라선 사람은 다시 건국된 페르시아의 '샤(왕)'였지. 어떻게 된 일일까?

이집트 벽화 속 클레오파트라 미인으로 유명한 이집트의 클레오파트라 여왕은 마케도니아가 이집트를 점령하고 세운 나라의 여왕이야. 이집트 사람이 아니라 마케도니아 후손인 셈이지.

샤푸르 1세와 발레리아누스 황제 부조 페르시아의 샤푸르 1세가 로마 제국의 발레리아누스 황제에게 항복을 받고 있는 모습이야.

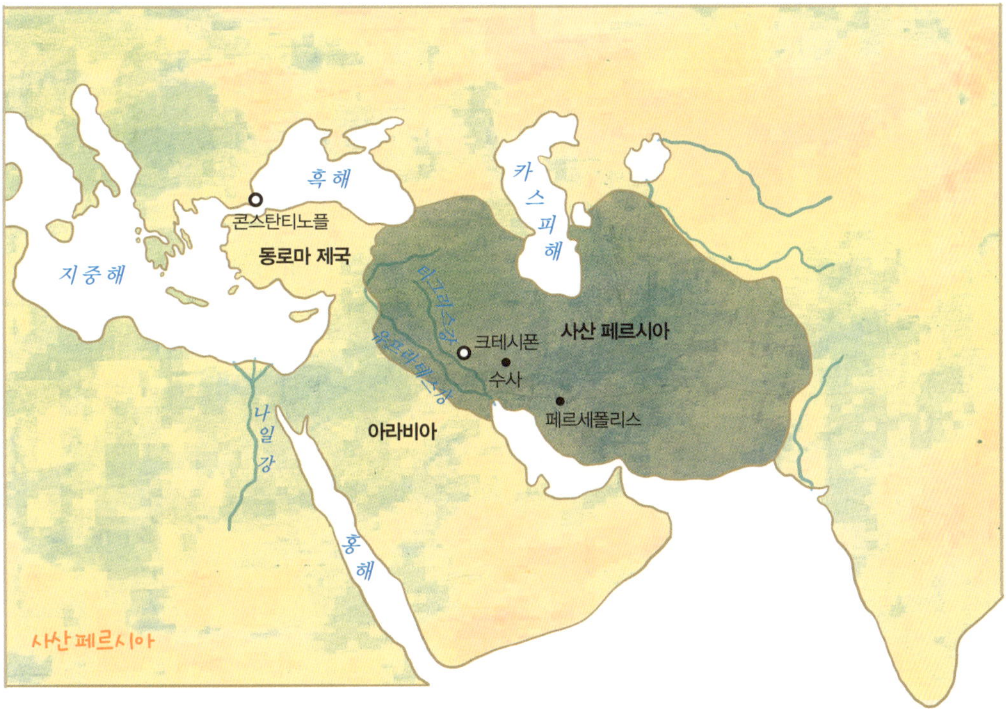

사산 페르시아

페르시아가 망하고 500년쯤 지나서 새로운 페르시아가 건국되었어. 앞선 페르시아와 구분하기 위해 '사산 페르시아'라고 부르지. 옛 페르시아의 영토를 로마 제국이 차지하고 있었으니, 사산 페르시아와 로마 제국 간의 전쟁은 피할 수 없는 운명이었어. 전쟁의 결과는 어떻게 됐냐고? 앞서 본 것처럼 사산 페르시아는 로마 황제를 포로로 잡을 만큼 강대해졌고, 옛 페르시아의 영토를 대부분 되찾았어.

하지만 전쟁 앞에 장사 없는 법, 로마 제국과 끊임없이 싸우는 동안 페르시아의 힘도 점점 약해졌어. 651년, 결국 사산 페르시아는 이슬람 군대에게 멸망하고 말아.

궁중 연회 묘사 은접시 사산 페르시아의 왕은 '샤한 샤(왕 중의 왕)'라 불렸어.

여러 민족과 문화가 페르시아 속에 녹아들다

생각해 봐. 페르시아의 서쪽에는 로마와 이집트가, 동쪽에는 인도와 중국이 있어. 동서 문명의 중간에 위치한다는 건 끊임없는 침략에 시달려야 한다는 걸 의미해. 하지만 잘만 하면 양쪽의 돈과 문화를 흡수해서 번영을 누릴 수 있다는 의미도 되지. 페르시아는 이 점을 정확히 알고 있었어. 그래서 무역이 페르시아의 중요한 산업이 되었지.

뒷날 실크로드라 불린 동서 무역로의 중간에 자리한 덕에 페르시아에는 수많은 사람이 오갔어. 페르시아는 세계 곳곳에서 온 사람들의 종교와 문화를 인정했어. 페르시아가 200년, 그리고 다시 500년 동안 이어질 수 있었던 힘은 여기에서 나왔지.

로마, 페르시아, 신라의 물병과 그릇 로마에서 신라까지 무역품이 오고 갔다는 것을 알 수 있어.

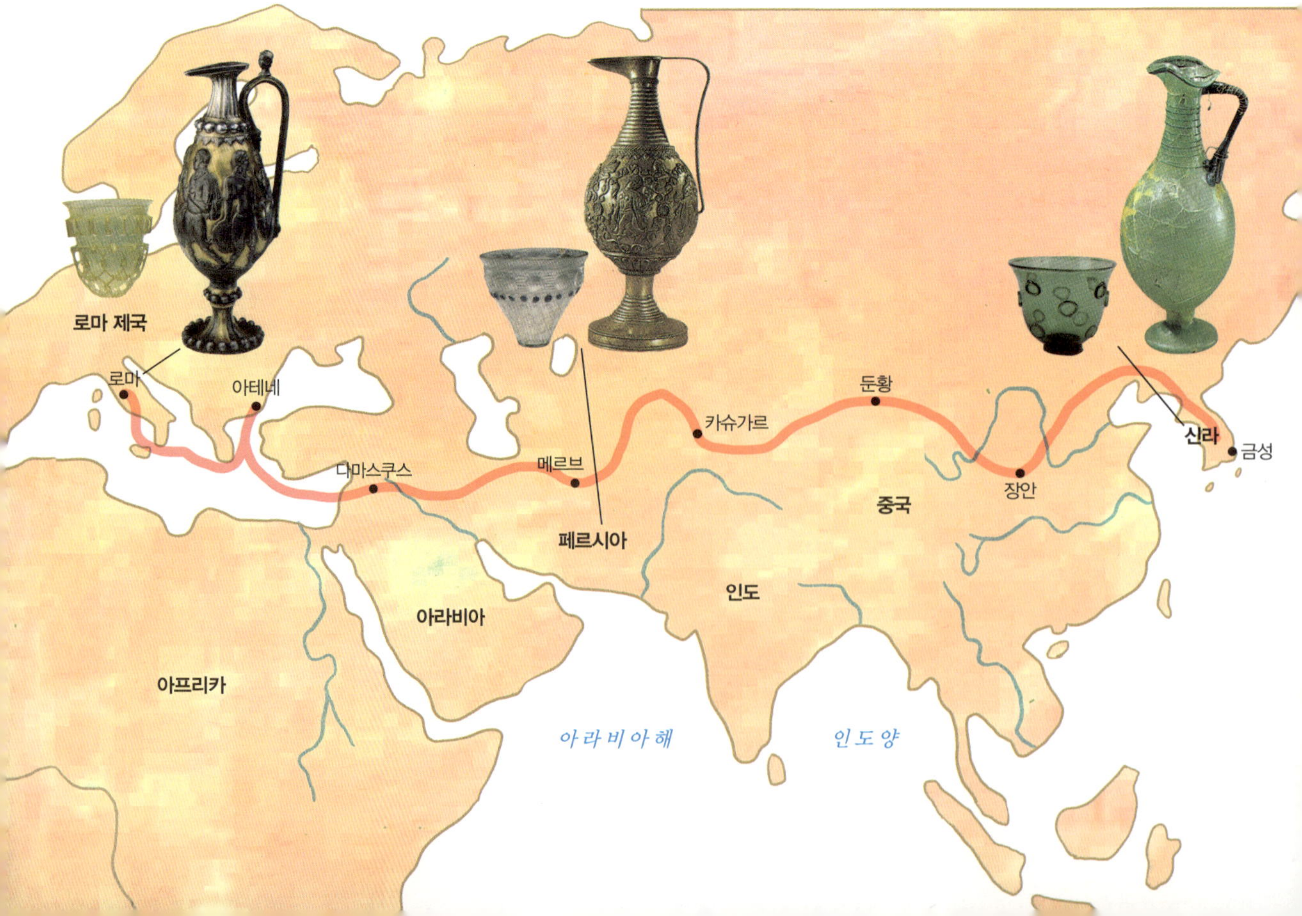

"이 나라는 천교를 섬기며, 부처님의 가르침은 알지 못한다."

중국과 인도를 여행한 신라의 혜초 스님은 페르시아에 대해 이런 기록을 남겼어. 천교는 조로아스터교를 말해. 페르시아 사람들이 믿던 종교인데, 불을 섬기기 때문에 '배화교'라고도 하지.

조로아스터교는 세상을 착함과 악함의 싸움터라고 봤어. 밝음은 착함이고, 어둠은 악함이라고 생각했지. 그래서 불을 상징으로 삼았대. 인간은 착함과 악함 둘 중 하나를 선택할 수 있고, 착함을 선택한 사람은 천국을 간다고 믿었대. 우리도 함께 천국행을 예약해 보는 게 어떨까?

아후라 마즈다 조로아스터교의 신인 아후라 마즈다야. 사산 페르시아는 조로아스터교를 나라의 종교로 정했지만 그렇다고 억지로 믿음을 강요하지는 않았어.

출발! 세계 속으로

다리우스 대왕이 건설한 페르시아의 수도, 페르세폴리스

오늘 삼촌이랑 갈 곳은 페르시아의 수도였던 페르세폴리스야. 페르세폴리스는 '페르시아의 도시'라는 뜻이지. 약 2500년 전, 다리우스 대왕 때 건설하기 시작해서 그 손자 때 완성했어.

우리가 달리고 있는 이 길은 페르시아 시대에 만든 '왕의 길'이란다. 먼지는 왕의 길이라고 해서 봐주는 법이 없으니 가는 동안 차창은 꼭 닫아 두렴.

만국의 문

페르세폴리스 유적

뭐냐, 그 실망스러운 눈빛은? '뭐예요, 뙤약볕에 겨우 이런 돌기둥을 보려고 먼 길을 온 거예요?'라고 묻고 싶은 거지? 이해는 한다만, 오늘만큼은 보이는 그대로가 아니라 마음의 눈으로 이 도시를 한번 바라봐 주렴. 마음의 눈으로 옛날의 웅장했던 도시를 상상해 볼 수 있다면 실망감은 곧 감탄으로 바뀔 테니까.

호마상 기둥 위에서 지붕을 받치는 역할을 했던 호마상이야.

아파다나 계단의 조공하는 사람들 부조

어린이들의 세계사

김유신 설화와 비슷한 키루스 대왕 이야기

"아이, 망측해라. 도대체 내가 무슨 꿈을 꾼 거지?"

잠에서 깬 메디나의 공주는 간밤에 꾼 꿈 때문에 어찌할 바를 몰랐어. 당장 꿈을 풀이하는 신하를 불렀지.

"내가 소변을 봤는데 망측하게도 온 세상이 내 소변에 잠겨 버렸지 뭐야."

조용히 듣고 있던 신하는 잠시 생각에 잠겼어. 그리고 얘기했지.

"장차 공주마마께서 낳을 아기가 이 세상을 지배하는 위대한 왕이 되는 꿈입니다."

이 얘기를 전해 들은 메디아의 왕은 버럭 화를 냈어.

"내가 멀쩡히 살아 있는데 새로운 왕이라고? 게다가 아들도 아닌 외손자잖아."

화가 난 왕은 신분이 낮아서 어차피 왕이 될 수 없는 남자를 골라 딸과 결혼시켜 버렸어. 얼마 후 공주가 임신을 했어. 그런데 이번에는 왕이 꿈을 꿨어. 딸의 몸에서 포도나무가 자라 온 세상을 덮어 버리는 꿈이었지. 이번에도 왕은 꿈풀이하는 신하를 불렀는데 답은 같았어.

"공주마마의 아들이 왕이 되어 이 세상을 지배하게 될 것입니다."

화가 난 왕은 외손자를 죽이라고 명령했어. 그런데 명령을 받은 신하는 차마 아기를 죽이지 못하고 양 치는 사람에게 줘 버렸어. 아기의 이름은 키루스였어.

키루스를 죽이라고 명령하는 왕의 모습
18세기 장 샤를 니케즈 패랭이 그린 그림이야.

"키루스, 네가 뭔데 나에게 이래라 저래라야. 신분도 낮은 주제에! 우리 아빠한테 다 이를 거야."

"같이 놀기로 했으면 규칙을 지켜야지. 이번엔 내가 이겼으니 내가 왕이잖아."

왕 놀이를 하다 싸운 키루스는 이 일로 왕 앞에 불려 갔어. 메디아의 왕은 이 아이가 예전에 자신이 죽이려고 한 외손자라는 것을 알아차렸어. 왕 놀이에서 왕이 된 것으로 꿈의 예언이 이미 이루어졌다고 생각한 왕은 손자를 딸에게 돌려주었어. 그 대신 자신의 명령을 어기고 키루스를 살려 준 신하의 아들을 잔인하게 죽였지.

어른이 된 키루스는 자기 외할아버지에게 반란을 일으켰어. 그리고 마침내 외할아버지의 나라 메디나를 멸망시고 페르시아의 첫 왕이 되었지. 꿈의 예언이 이루어진 거야.

키루스 대왕의 무덤

서아시아, 아프리카, 그리고 중앙아시아의 역사는 이슬람교 이전과 이슬람교 이후로 나눌 수 있어. 이곳 사람들에게 이슬람교는 정치, 문화, 예술 등 거의 모든 삶에 영향을 미쳤지. 이슬람교를 모르면 이 지역 역사의 반 이상을 이해할 수 없는 거야. 이슬람교는 전 세계 인구의 3분의 1이 믿는 종교야. '무슬림'은 이슬람교를 믿는 사람을 뜻하지. 그런데 너, 이슬람교가 어떤 종교인지 아니?

570년경
무함마드가 메카에서 태어남

610년경
이슬람교 탄생

5 이슬람교의 탄생

622년
무함마드와 제자들이 메디나로 탈출(헤지라)

632년
무함마드 사망

예언자 무함마드, 알라의 계시를 받고 이슬람교를 만들다

오랜 세월, 아라비아 사막은 별 볼일 없는 땅이었어. 유목민은 양 떼를 몰고 초원을 이리저리 떠돌아다녔고, 몇몇 사람만이 오아시스 마을에 모여 살았지. 그런데 비잔티움 제국과 사산 페르시아가 너무 오래 전쟁을 하면서 변화가 생겼어.

"전쟁 때문에 예전 길로 다니는 건 너무 위험해. 좀 멀더라도 아라비아반도를 빙 돌아서 가야겠어."

전쟁 덕에 아라비아반도의 오아시스 도시들이 상인들로 활기를 띠게 되었어. 그중 하나가 메카였지.

6세기 교역로 사산 페르시아와 비잔티움(동로마) 제국의 전쟁 때문에 상인들은 멀더라도 안전한 메카 쪽으로 돌아가게 되었어.

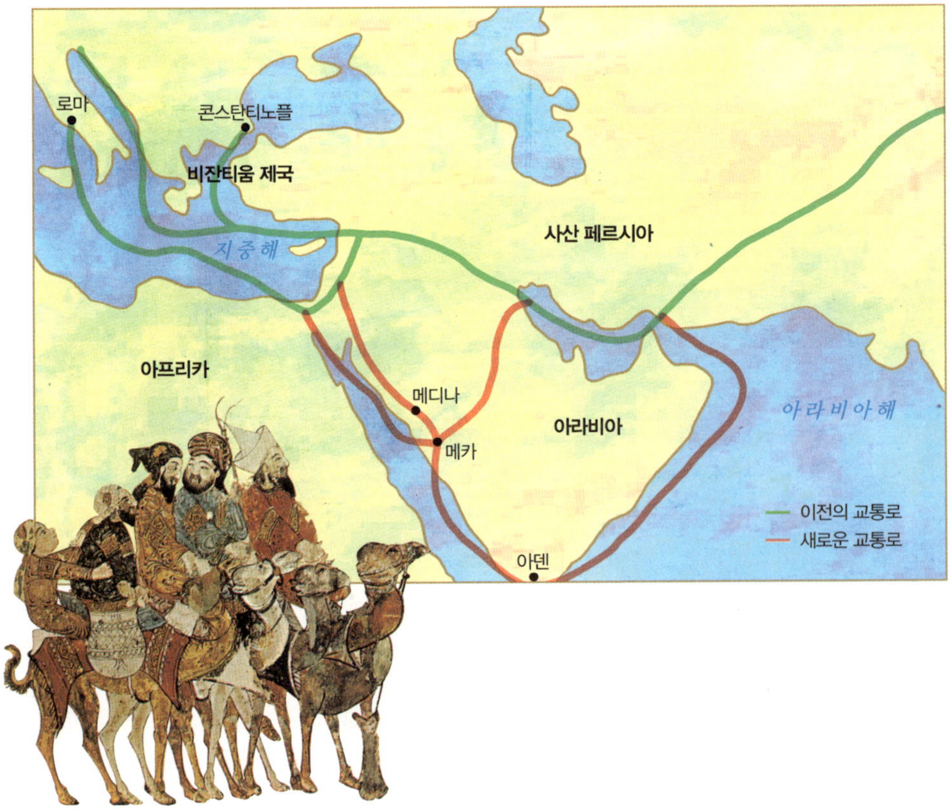

무함마드가 계시를 받은 히라 산의 동굴

천사 지브릴(크리스트교 성경 속의 가브리엘)에게 계시를 받는 예언자 무함마드

당시 메카에는 세계의 역사를 바꿀 사람이 살고 있었어. 그의 이름은 '무함마드'. 부유한 상인 집안에서 태어났지만 어릴 때 부모님을 여의고 삼촌 밑에서 자랐지. 40살이 된 어느 날, 산속 동굴에서 명상을 하던 그에게 천사가 나타났어. 천사는 신의 말씀이 적힌 종이를 내밀며 말했어.

"무함마드, 너는 신이 보낸 사람이다. 마음속에 있는 신의 말씀을 읽어라."

무함마드는 겁에 질려 떨리는 몸을 겨우 가누면서 집에 돌아와 아내에게 이 사실을 말했어. '남편이 미쳤구나.'라고 생각할 법도 한데, 아내의 대답은 뜻밖에도 아주 간단했어.

"말씀에 순종합니다."

이슬람교가 탄생하는 순간이었어. '이슬람'은 바로 '순종한다'는 뜻이거든.

예언자 무함마드가 메디나로 성스러운 도망을 가다

무함마드의 아내가 너무나 쉽게 첫 신자가 된 것과는 달리, 이슬람교를 믿는 사람은 더디게 늘어 갔어. 10년 동안 겨우 75명밖에 없었지. 더 큰 문제는 메카의 상인들이 무함마드를 미워한다는 거였어. 메카는 다양한 신을 섬기는 사람들로 북적였고, 상인들은 그들을 상대로 장사를 해서 돈을 벌었거든.

"신이 오직 한 분뿐이라고? 이건 대놓고 우리 손님을 쫓아내고 장사를 망치려는 속셈이구먼."

622년, 생명의 위협을 느낀 무함마드와 신자들은 삼삼오오 메카를 떠나 메디나로 향하기로 했어. 무함마드가 떠나기로 한 날 아침, 메카 사람

무함마드와 그의 동행자들이 회의를 하는 모습

들이 그를 죽이기 위해 들이닥쳤어. 다행히 무함마드가 이미 집을 나선 뒤였지.

무함마드가 메디나로 옮겨 간 이 사건을 '헤지라'라고 해. '성스러운 도망'이라는 뜻이야. 헤지라는 이슬람교의 역사에서 아주 중요한 의미가 있어.

"너희가 그를 도울 수 없다 해도 알라가 그를 도우시니 슬퍼하지 마라. 알라께서 우리와 함께하심이라."

《쿠란》의 이 말씀처럼, '헤지라'라는 시련을 겪은 뒤로 무함마드는 강력한 지도자로 변신했거든.

메디나에는 유대인을 비롯해서 이미 여러 부족이 살고 있었는데, 무함마드는 이들 부족과 화합하며 세력을 키워 나갔어. 부족들 간에 다툼이 생기면 무함마드가 나서서 화해를 시켰어. 시간이 갈수록 무함마드를 믿고 따르는 사람들이 늘어 갔고, 무함마드는 어느새 메디나의 지도자가 되어 있었지.

헤지라 전설에 따르면, 쫓기던 무함마드가 동굴에 숨자마자 거미가 나타나서 동굴 입구에 거미줄을 치고 새가 날아와 둥지를 틀고 알을 낳았대. 이슬람 달력은 헤지라를 한 622년을 첫해로 해서 연도를 계산해.

예언자 무함마드가 메카를 점령하고 이슬람 왕국을 열다

사막에는 낙타를 타고 주변 부족을 약탈하는 관습이 있었어. 메디나에 굶주림과 전염병이 퍼지자, 지도자인 무함마드도 이 관습을 따르기로 했지. 목표는 사막을 지나는 메카의 상인들. 낙타 위에 앉아서 양손으로 자유롭게 칼을 휘두르는 무함마드의 전사들에게 메카의 상인들은 손쉬운 상대였어. 식량을 가지고 돌아오는 무함마드와 전사들에게 사람들은 환호했어. 무함마드는 소리쳤지.

"우리는 약탈을 한 것이 아니다. 알라의 적과 싸우는 성스러운 전쟁을 치르고 온 것이다."

메카 사람들도 가만있지 않았어. 군대를 모아서 메디나로 쳐들어온 거야.

모래 구덩이 속에 숨어 있던 무함마드의 군대가 죽을 각오로 돌격하려는 바로 그 순간, 기적이 일어났어. 모래 폭풍이 메카의 군대를 한순간에 집어삼킨 거야. 이 승리 이후 무함마드의 이름은 아라비아 사막 전체에 퍼져 나갔어.

630년, 무함마드는 1만 명의 군대를 이끌고 메카로 쳐들어갔어.

"이슬람교를 인정할 테니, 우리의 생명과 재산을 보장해 주시오."

메카를 점령한 후 우상을 부수는 이슬람군

이 조건을 걸고 항복한 메카 사람들은 성문을 열었고, 무함마드와 그의 군대는 칼 한 번 휘두르지 않고 메카를 점령했어. 메카에서 메디나로 도망쳤던 헤지라 이후 8년 만이었지. 무함마드는 모든 우상을 불살라 버렸어. 그리고 선언했어.

"알라 외에 다른 신은 없다."

출발! 세계 속으로

무슬림이라면 죽기 전에 한 번은 가고 싶어 하는 곳, 메카

"경제적·신체적으로 여유가 있으면 평생에 한 번은 메카를 순례하는 것이 바람직하다."

이슬람교에서 메카는 매우 중요한 곳이란다. 무슬림들은 이곳을 아담이 낙원에서 쫓겨나 내려온 곳이라고 믿지. 최후의 예언자인 무함마드가 태어난 곳이기도 하고. 이슬람교를 믿는 사람이라면 누구나 죽기 전에 꼭 한 번 메카를 순례하고 싶어 한다는구나.

저기 검은 천으로 덮인 건물이 보이지? 카바 신전이야. 알라가 이 세상을 만들 때

카바 신전

마스지드 알 하람(대사원)

카바 신전에
예배하는 무함마드
무함마드가 카바 신전에서 기도하는 모습이야.

부터 있었던 신성한 건물이었는데, 누흐(노아)의 홍수 때 파괴되었대. 천사 지브릴이 아브라힘(아브라함)에게 돌을 주었고, 아브라힘과 그의 아들 이스마일이 그 돌로 카바 신전을 지었다는구나. 원래는 하얀색이었는데, 인간의 죄 때문에 검게 변한 거라고 해.

메카에 순례를 온 사람들은 옛날에 무함마드가 메카에서 했던 순례 방식을 그대로 따라 한단다.

안타깝지만 우린 이 순례를 따라갈 수 없을지도 몰라.
오직 무슬림에게만 허락되거든.

악마의 돌기둥

아라파트산

어린이들의 세계사

무슬림 친구에게 배우는 이슬람 문화

다양한 종류의 머리쓰개 왼쪽부터 부르카, 니캅, 히잡, 차도르야. 아무것도 안 쓰는 여성들도 많아.

"앗쌀람 알라이 쿰(당신에게 평화가 깃들기를)!"

내 이름은 마리얌이야. 우리 이슬람교는 크리스트교의 예언자를 모두 인정해. 그래서 《성경》에 나오는 이름을 가진 친구도 많아. 마리얌은 마리아라는 뜻이야.

내가 쓰고 있는 건 '히잡'이라고 해. 히잡은 여자를 외모로 판단하지 못하게 하려고 쓰는 거야. 히잡을 쓸지 말지는 스스로 선택하면 돼.

오늘부터 3일 동안은 축제일이야. 라마단이 끝나는 날이거든.

라마단이란 9월 한 달 내내 해가 떠 있는 동안에는 아무것도 먹지 않는 기간을 말해. 예언자 무함마드의 힘들었던 삶을 기억하려는 거지. 오늘 우리 부모님은 양을 잡으실 거래. 그중 3분의 2는 가난한 이웃에게 나눠 주실 거야. 가난한 사람을 위해 기부하는 건 우리 무슬림의 의무이거든.

우리 무슬림은 하루에 5번 메카를 향해 예배를 드려. 물론 예외는 있어. 몸이 아프거나 임신한 사람처럼 어쩔 수 없는 경우 말이야. 라마단 때도 마찬가지지.

와, 양고기 꼬치가 왔어. 우리 무슬림은 《쿠란》에 허락된 음식만 먹어. 고기는 '할랄'이라는 의식을 통해 잡은 것만 먹지. 동물을 위해 예배드린 뒤에 고통 없이 죽이

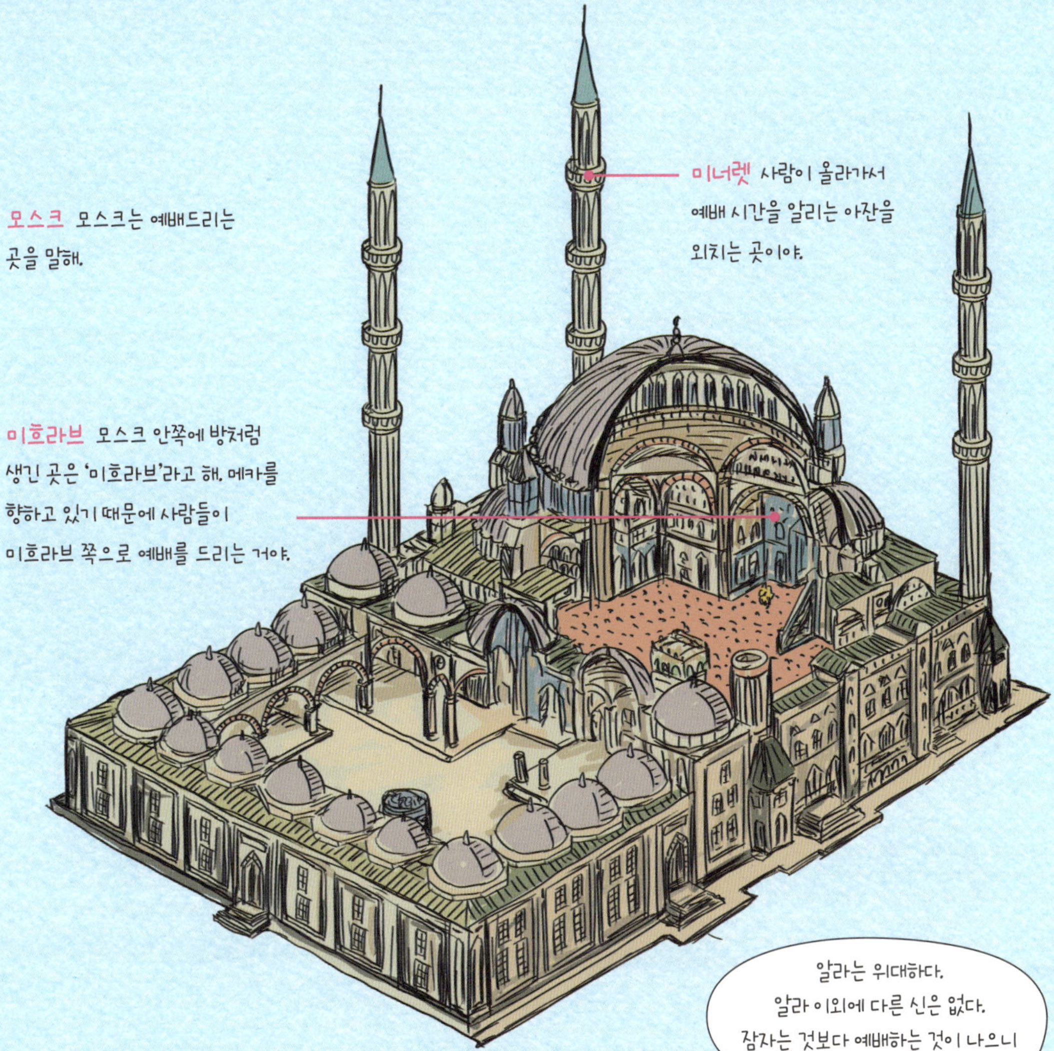

는 의식이 할랄이야. 음식을 먹기 전과 먹은 뒤에는 "비스밀라!"라고 말해. '알라의 이름으로!'라는 뜻이지.

참, 우리는 음식을 반드시 오른손으로만 먹어. 좋은 일은 오른손, 궂은일은 왼손으로 하거든. 코를 풀거나 변을 볼 땐 왼손을 사용해. 그럼 양치질은? 맞아, 당연히 오른손이지.

라마단 금식 기도

무슬림 아저씨께 여쭤 본 '이슬람교가 뭔가요?'

사우디아라비아 국기의 글씨 "알라 이외에 신은 없으며, 무함마드는 신의 사도이다."라고 적혀 있어.

이슬람교는 어떤 종교인가요?

이슬람교는 유일신 알라를 믿는 종교입니다. 우리 무슬림이 가장 많이 하는 말 중 하나가 "라 일라하 일라 알라."인데 '알라 이외에 신은 없다.'라는 뜻이죠. 우린 모든 일이 알라 뜻대로 이루어진다고 믿어요. 또한 착한 일을 많이 하면 천국에 가고, 나쁜 일을 많이 하면 지옥에 간다고 믿지요.

그럼 알라는 뭔가요? 혹시 예언자 무함마드가 알라인가요?

알라는 그냥 '신'이라는 뜻입니다. 그래서 한국에 사는 무슬림들은 알라를 '하느님'이라고 표현합니다. 영어로는 'god'이라고 하고요. 예언자 무함마드는 신이 아니라 인간이에요. 모세와 예수처럼 예언자일 뿐이죠. 우리 무슬림은 그를 알라의 마지막 예언자라고 생각해요.

그런데 제가 알기로는 이슬람교에서는 알라 외에도 천사 같은 것을 믿는다던데요?

이슬람교에서는 천사와 사탄(악마), 진의 존재를 인정합니다. 그렇다고 신으로 모시지는 않아요. 좀 어렵나요? 〈알라딘〉이란 만화에 램프의 요정 지니가 나오죠? 그게 진이에요. "이슬람교에선 진(요정)이 있다고 믿지만 그걸 신으로 섬기지는 않는다. 오직 알라만 섬긴다." 이렇게 이해하시면 돼요.

그렇군요. 그럼, 이슬람교에도 《성경》이나 《불경》 같은 책이 있나요?

물론입니다. 《쿠란》이라고 하죠. 《쿠란》 말고 《하디스》라는 책도 있어요. 《쿠란》은 알라의 말씀을 적어 놓은 책이고, 《하디스》는 예언자 무함마드의 말씀만 적어 놓은 책이에요. 우리 무슬림에게는 둘 다 소중한 책이죠.

쿠란

스님이나 목사님, 신부님 같은 분도 계시겠네요?

아뇨. 없어요. 예배를 인도하는 사람을 '이맘'이라고 부르긴 하지만, 주로 그날 모인 사람 중에 나이가 가장 많거나 존경할 만한 분이 하시죠. 그래서 예배 때마다 이맘이 달라져요. 그런데 이슬람교 중에서도 시아파는 좀 달라요. 이맘을 특별한 분으로 여기고 예언자와 똑같이 대접하죠.

죄송한 질문인데요, 이슬람교 하면 폭력, 테러 이런 게 생각나요. 왜 그럴까요?

오히려 질문해 줘서 감사해요. 이슬람의 정신은 평화와 평등이에요. 물론 테러를 저지르는 무슬림들이 있어요. 그런데 그들에게 가장 피해를 많이 입는 게 누군지 아세요? 바로 우리 무슬림들이에요. 거의 모든 무슬림은 폭력과 테러에 반대한답니다. 이 점을 꼭 알아줬으면 해요.

아랍인과 이슬람인을 구별하지 않고 쓰는 사람들이 많지만 사실 그 의미는 서로 달라. 아랍인은 '아라비아반도 출신 사람들'을 의미하지만, 이슬람인은 '이슬람교를 믿는 사람 모두'를 말해. '무슬림'이라고도 하지. 네가 오늘 이슬람교를 믿기로 했다면 오늘부터 너는 이슬람인이 되는 거야. "알라 앞에서는 모두 평등하다."라는 《쿠란》의 말씀 덕분이지. 이슬람 제국이 어떻게 커져 갔고, 정복한 곳의 사람들이 이슬람인으로서 어떻게 하나가 되어 갔는지 한번 들어 보지 않을래?

632년
예언자 무함마드 사망

661년
우마이야 왕조 시작

651년
이슬람 군대가 사산 페르시아를 멸망시킴

711년
이슬람 군대가 에스파냐 정복

6

이슬람 제국의 성장

750년
아바스 왕조 시작

909년
이집트에 파티마 왕조 시작

751년
탈라스강 전투에서 이슬람 군대가
중국(당나라) 군대 격파

정통 칼리프 시대, 투표로 칼리프를 뽑다

632년에 예언자 무함마드가 죽었어. 그의 부하들은 회의를 열어 새 지도자를 뽑았지. 그렇게 뽑힌 사람을 '칼리프'라고 불렀는데, '무함마드를 대신하는 사람'이라는 뜻이야.

이슬람의 지도자들

이슬람 제국은 종교가 모든 것을 지배하는 사회야. 칼리프는 이슬람 제국의 종교 지도자이자 정치 지도자였어. 지도자를 회의로 뽑던 이 시기를 '정통 칼리프 시대'라고 해.

"《쿠란》의 말씀에 따라 모든 무슬림은 형제다. 형제들 간의 전쟁은 엄격히 금한다."

이미 아라비아반도에 사는 사람들은 모두 이슬람교를 믿고 있었어. 당연히 아라비아반도 너머로 눈을 돌릴 수밖에 없었지. 비잔티움 제국과 사산 페르시아가 서로 싸우느라 힘이 빠져 있는 상황도 좋은 기회였어.

637년, 벌써 며칠째 카디시야 평원을 사이에 두고 이슬람 군대와 페르시아 군대가 서로 마주하고 있었지. 이따금 작은 돌개바람이 사막의 모래를 휘감아 올릴 뿐이었어.

"원하는 것이 있으면 말하라. 자비로우신 우리 페르시아 황제께 말씀드려서 소원을 들어주겠다."

이슬람군을 달래려고 페르시아 장군이 편지를 보냈지만 이슬람 장군의 답장은 단호했어.

"《쿠란》, 세금, 전쟁, 이 셋 중에 하나를 선택하라. 우리가 원하는 것은 이것뿐이다."

전투는 이슬람 군대의 승리로 끝났어. 몇 년 뒤 이슬람 군대는 사산 페르시아를 멸망시켰어. 페르시아 땅에 살던 사람들도 이슬람교를 믿게 되었지. 이슬람 군대는 비잔티움 제국에게서 이집트도 빼앗았어.

무함마드가 죽은 지 겨우 10년 만에 이슬람 제국은 오리엔트의 새 주인이 되었어.

카디시야 전투 페르시아의 코끼리 부대 때문에 궁지에 몰렸던 이슬람 군대는 지원군이 왔다는 이슬람 장군의 거짓말 덕에 용기를 얻어 전투에서 승리했대.

우마이야 왕조, 아프리카와 유럽에 이슬람교를 심다

정통 칼리프 시대는 오래가지 않았어. 1대 칼리프는 일찍 죽었고, 2대와 3대 칼리프는 암살을 당했어. 예언자 무함마드의 사위인 알리가 4대 칼리프로 뽑혔지.

"알리는 3대 칼리프를 암살한 자다. 알리를 몰아내고 복수를 하자."

암살당한 3대 칼리프와 같은 집안사람인 무아위야가 알리에 맞서 반란을 일으켰어. 661년, 4대 칼리프였던 알리마저 암살되자 이슬람 제국의 유일한 통치자가 된 무아위야는 이렇게 선언했어.

"더 이상 칼리프를 선거로 뽑지 않겠다. 이제부터 칼리프는 내 자손들이 물려받을 것이다."

선거로 칼리프를 뽑던 정통 칼리프 시대가 끝난 거야. 이때부터를 '우마이야 왕조'라고 불러. 무아위야가 우마이야 가문 출신이기 때문이지. 우마이야 왕조는 이슬람 역사상 가장 넓은 땅을 차지했어. 아프리카와 유럽까지 진출했지.

충성 맹세를 받는 알리 3대 칼리프 우스만이 암살된 후 그림 왼쪽의 검은 터번을 쓴 4대 칼리프 알리가 충성 맹세를 받고 있어. 하지만 얼마 후 알리도 암살되고 말아.

이슬람 제국의 확장

"이슬람교를 믿는다고 다 같은 신분인 건 아니다. 아랍인만이 진정한 이슬람의 주인이다."

우마이야 가문은 원래 메카의 부유한 아랍 부족 출신이었어. 예언자 무함마드가 메카를 정복하자 어쩔 수 없이 이슬람교를 믿게 된 가문이었지. 그렇기 때문에 '이슬람'이라는 종교보다는 '아랍'이라는 부족을 더 중요하게 여겼어. 게다가 동쪽 지방의 무슬림들이 여전히 죽은 알리를 따르고 있었으니, 믿을 건 자기 부족밖에 없었던 거야.

이 무렵 예언자 무함마드를 계승하는 문제를 놓고 이슬람교가 두 파로 갈라지게 돼. 이들을 각각 '수니파'와 '시아파'라고 부르지.

아바스 왕조, 이슬람을 믿는 사람은 누구든 형제로 받아들이다

우마이야 왕조가 생기고 100년이 지났지만 동쪽 이라크 지방의 무슬림들은 여전히 우마이야 왕조에 불만이 많았어. 예언자 무함마드의 후손이 이슬람의 지도자가 되어야 한다는 생각에 변함이 없었거든. 게다가 똑같은 이슬람 신자임에도 아랍인이 아니라는 이유로 차별받고 있는 것도 문제였어.

"예언자 무함마드 가문의 후손을 지도자로 삼아 우마이야 왕조를 물리치자."

이들은 아바스 왕조를 세우고 우마이야 왕조를 몰아내는 데 성공했어. 아바스 왕조는 진정한 의미의 이슬람 제국이었어. 부족이 아닌 종교를 앞세웠거든.

"알라를 믿고 아랍어를 사용하면 그것이 곧 아랍인이다. 무슬림은 모두 형제이고 이슬람 제국의 주인이다."

아바스 병사들 아바스 왕조의 병사들은 우마이야 왕조에 저항하는 표시로 검은 터번을 쓰고 검은 깃발을 들었어. 중국 당나라 기록에는 '흑의대식국(검은 옷을 입은 이슬람 국가)'이라고 쓰여 있어.

아바스 왕조의 수도 바그다드 상상도 바그다드는 유럽과 지중해, 아시아를 잇는 교역로의 중심이었어. 바그다드를 건설한 칼리프 알만수르는 바그다드를 '세계의 시장'이라고 불렀지.

그렇다고 다른 종교를 가혹하게 탄압한 건 아니야. 다른 종교를 믿으면 세금을 좀 더 내야 했지만, 종교의 자유가 있었고 재산을 빼앗기지도 않았어. 이 당시 유럽은 크리스트교 외에는 어떤 종교도 인정하지 않았다는 것을 생각하면 비교가 되지.

아바스 왕조가 우마이야 왕조를 몰아내긴 했지만 멸망시키진 못했어. 우마이야 왕조의 한 무리가 서쪽으로 도망쳤거든. 이들은 에스파냐 지방에 왕조를 세웠어. 150년 뒤에는 이집트에서 또 한 사람이 파티마 왕조를 세우고 자신이 칼리프라고 선언했지.

3명의 칼리프에 3개의 제국, 이렇게 이슬람 제국은 갈라졌어.

아바스, 후기 우마이야, 파티마 왕조 이 3개의 왕조는 다시 크고 작은 여러 나라로 갈라졌어.

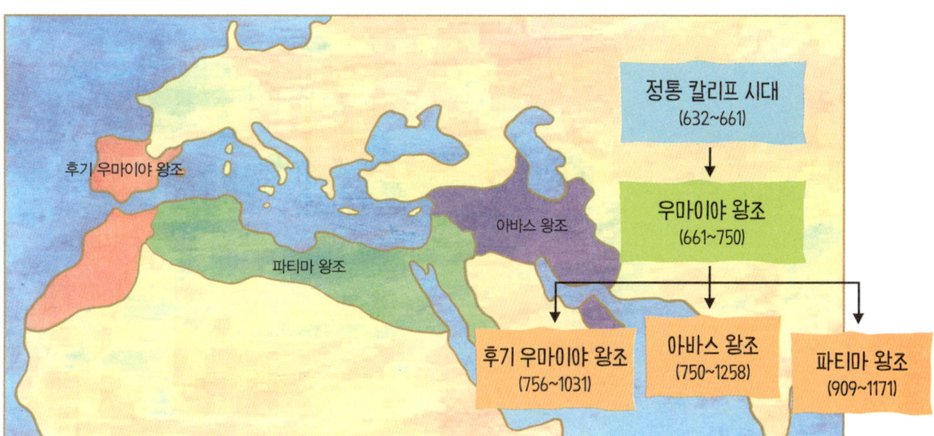

이슬람 제국에서 학문과 과학이 화려하게 꽃피다

지혜의 집 바그다드에는 수많은 이슬람 학자들이 연구하는 '지혜의 집'이 있었어.

아라베스크 무늬가 장식된 창문 사이로 달빛이 흘러드는 천문대. 몇몇은 관측기를 들여다보고, 몇몇은 고대 그리스의 책을 찾아보고, 또 몇몇은 수학 문제를 푸느라 바빴지. 책꽂이에는 아랍어로 번역된 고대 그리스의 수학 책과 철학 책들이 가득했어.

"내 계산이 맞다면 1년은 365일 5시간 46분이야. 옛 그리스 학자의 계산과 거의 일치하는군. 그렇다면 행성들이 우주를 도는 데 걸리는 시간은……."

이슬람 제국은 비잔티움 제국과 페르시아 제국의 영토만 차지한 것이 아니었어. 그들의 예술과 과학 또한 받아들였지. 그리고 더욱 발전시켰어. 제국 곳곳에 학교가 세워지고 도서관이 들어섰어. 칼리프의 지원 아래 과학, 의학, 건축, 문학, 철학, 지리학 등 학문이 화려하게 꽃피었어.

과학? 알코올, 알칼리 같은 말이 다 이슬람 학자들에 의해 생겼어. 의학? 입원실과 수술실로 나누어진 병원이 있었고, 치료법과 약에 대한 내용이 책으로 정리되었지. 수학? 인도의 수학을 받아들여 0에서 9까지 숫

이슬람 의학서에 실린 치통을 치료하는 방법
이슬람 의학서는 번역되어 유럽으로 전해졌어.

아라베스크 무늬 이슬람교에서는 살아 있는 것을 그리거나 조각하는 걸 금지했어. 그래서 식물을 변형시켜서 아름다운 선으로 표현했는데 이걸 '아라베스크 무늬'라고 해.

자를 사용했고, 이것이 유럽에 전해져 '아라비아 숫자'라는 말이 생겨났어. 우리가 중·고등학교 수학 시간에 배우는 문제를 이슬람 제국에서는 이때 이미 풀고 있었대.

이슬람 제국에서 학문이 발달할 수 있었던 건 예언자 무함마드의 말씀 때문이기도 했어.

"지식을 추구하는 것은 남녀 모든 무슬림의 의무이니라."

학원 빠진 날, 엄마도 이런 비슷한 말씀을 하시지. 이슬람 제국은 전쟁 중에도 책을 없애는 걸 금할 정도로 학문을 소중히 여겼어. 이슬람 제국이 발전시킨 이 지식이 뒷날 유럽에 르네상스 시대를 가져다주었어.

아스트롤라베 이슬람이 통치하던 에스파냐 지역에서 사용되던 항해 기구는 나중에 유럽인에게 전파되어 신대륙 발견에 큰 역할을 하게 되지.

출발! 세계 속으로

에스파냐에 지어진 붉은 이슬람 궁전, 알람브라

오늘은 이슬람 제국의 흔적을 찾아 유럽으로 떠나 보려고 해. 이슬람인데 왜 유럽으로 가냐고? 이슬람 제국은 711년에 지중해를 건너 에스파냐를 점령했어. 당시 크리스트교의 탄압을 받던 유대인들은 이슬람 지배자를 환영했대.

'후기 우마이야 왕조'도 이곳 에스파냐를 터전으로 발전했어. 후기 우마이야 왕조가 멸망한 뒤에도 에스파냐에는 여러 이슬람 왕국이 세워졌어. 에스파냐는 거의 800년 동안 무슬림의 땅이었지. 이슬람 제국이 에스파냐를 다스리던 시기에는 이슬람교와 유대교, 크리스트교가 평화를 이루며 과학과 예술이 꽃피던 시기였어.

알람브라는 '붉은 궁전'이라는 뜻인데, 에스파냐에 있는 이슬람 건축 중 단연 최고란다. 재미있는 사실은, 이슬람 왕국이 에스파냐에서 쫓겨나기 직전에 궁전이 완성되었다는 거야. 무슬림 왕은 이슬람교와 문화, 그리고 언어를 보장해 달라는 조건을 걸고 에스파냐 왕에게 항복했지만, 결국 300만 명의 무슬림과 30만 명의 유대인이 죽거나 쫓겨나는 비극을 맞았어.

알람브라 전경

알람브라 알카사바 도시를 지키던 요새, '알카사바'야.
로마 시대의 요새 위에 세웠지.

사자의 궁전 안뜰 기둥과 아치 아라베스크 무늬와
《쿠란》을 적은 글씨로 화려하게 장식된 기둥과 아치야.

아세키아 정원 칼리프들의 여름 별장이야.

예언자 무함마드의 후손, 알리의 손자 알리

메카의 한 소년이 모스크 안을 들여다보고 있어. 어른들이 녹색 터번을 쓴 아버지를 둘러싸고 심각하게 얘기를 나누고 있었지. 소년의 이름은 알리였어. 알리의 아버지 후사인이 쓰고 있는 녹색 터번은 예언자 무함마드의 후손만이 쓸 수 있는 거였지. 소년의 할아버지 이름도 알리였어. 4대 칼리프이자 예언자 무함마드의 사위인 바로 그 알리 말이야.

4대 칼리프였던 할아버지가 암살당한 뒤 얼마 지나지 않아 동쪽 멀리 이라크에서 편지가 왔어.

"예언자 무함마드의 후손이시여, 오셔서 저희의 지도자가 되어 주십시오."

죽음을 맞이하는 예언자 무함마드 양쪽에 안긴 손자 중 녹색옷을 입은 아이가 나중에 알리의 아버지가 되는 후사인이야.

소년의 아버지는 지금 이 요청을 받아들일지에 대해 의논하고 있는 거야. 그리고 결국 메카에 있는 가족과 지지자 70여 명을 이끌고 이라크로 떠나기로 결정했지. 예전에 예언자 무함마드가 70여 명을 이끌고 메카에서 메디나로 성스럽게 옮겨 갔던 것처럼. 그러나 불행하게도 알리 가족을 죽이려고 호시탐탐 노리던 칼리프에게 이 소식이 전해졌어.

낙타를 타고 몇 날 며칠 동안 사막을 건너야 하는 고된 일정이었지만 어린 알리는 아버지를 묵묵히 따랐어. 일행이 사막을 거의 건너 이라크에 도착했을

때, 그들을 기다린 건 칼리프가 보낸 4000명의 군사들이었지. 칼리프의 군대는 사막에서 후사인 일행을 포위하고 9일 동안 물 공급을 막았어.

10일째 되던 날, 어른들은 알라께 마지막 예배를 드린 뒤 칼리프의 군대와 최후의 전투를 벌였어. 전투는 너무나 일방적이었어. 남자 어른들은 모두 살해당했고, 여자와 아이들은 포로가 되었지.

어린 알리는 어떻게 되었을까? 글쎄? 화살에 맞아 죽었다는 얘기도, 홀로 탈출해 이라크 깊숙이 도망쳤다는 얘기도 전해지지만 정확한 건 알 수 없어.

해마다 이날이 되면, 시아파 이슬람 신자들은 자신들의 죄를 탓하는 의식을 올려. 후사인을 초청해 놓고 돕지 못한 죄 말이야.

후사인이 죽은 곳에 세워진 이맘 후사인 영혼 무덤
시아파 이슬람 신자들은 예언자 무함마드의 후손만을 '이맘'이라고 불러.

한곳에서 농사를 짓는 것이 아니라 말을 타고 이리저리 옮겨 다니며 양이나 염소를 몰던 사람들을 '유목민'이라고 부르지. 중앙아시아의 드넓은 초원은 유목민들의 땅이었어. 눈을 감고 초원을 떠올려 봐. 말발굽 소리가 들리니? 말을 타고 달리고 달려도 초원이 끝없이 이어진 곳, 그곳을 세계의 중심으로 삼고, 중국과 유럽을 변두리로 여겼던 초원의 제국들을 머릿속에 그려 보렴.

기원전 700년경

스키타이가 역사에 등장

기원전 200년

흉노가 한나라 유방의 군대를 물리침

기원전 400년

스키타이 민족이 페르시아 다리우스 대왕의 침입을 물리침

7
중앙아시아 초원의 역사

375년
훈족이 게르만족을 공격함

기원전 40년경
흉노가 동서로 갈라짐

552년
돌궐(튀르크) 건국

말안장 위에서 유목 문명이 탄생하다

기원전 400년경, 페르시아의 다리우스 대왕은 초원의 말발굽 소리와 싸우고 있었어. 분명 저곳에 적들이 있었는데, 공격해 들어가 보면 아무도 없었지. 휑한 풀밭과 바람 소리뿐. 허탈함에 넋을 놓고 있으면 어디선가 말발굽 소리와 함께 적들이 나타나 페르시아군을 공격하고는 다시 사라졌지. 다리우스는 탄식했어.

"저들은 도시도 성도 짓지 않는다. 어디든 집을 가지고 다니니 수레야말로 저들의 유일한 집이다. 이러니 어찌 저들을 정복할 수 있단 말인가?"

'스키타이', 바람처럼 나타났다 새벽녘의 어둠처럼 사라졌던 이들을 이렇게 불러. 중앙아시아 초원에서 일어난 수많은 유목민 가운데 최초로 이름을 남긴 이들이지.

중앙아시아는 초원과 사막으로 이루어진 드넓은 땅이야. 하지만 그곳 사람들에게 거리는 문제가 되지 않았어. 초원을 마음껏 누비고 다닐 수 있는 말이 있었으니까.

4대 문명과 유목 문명 유목민은 문명의 조건 중 하나인 '문자'를 발명하지 못했어. 문자가 없다는 건 자신들의 역사가 다른 이들의 입장에서 기록된다는 것을 의미해.

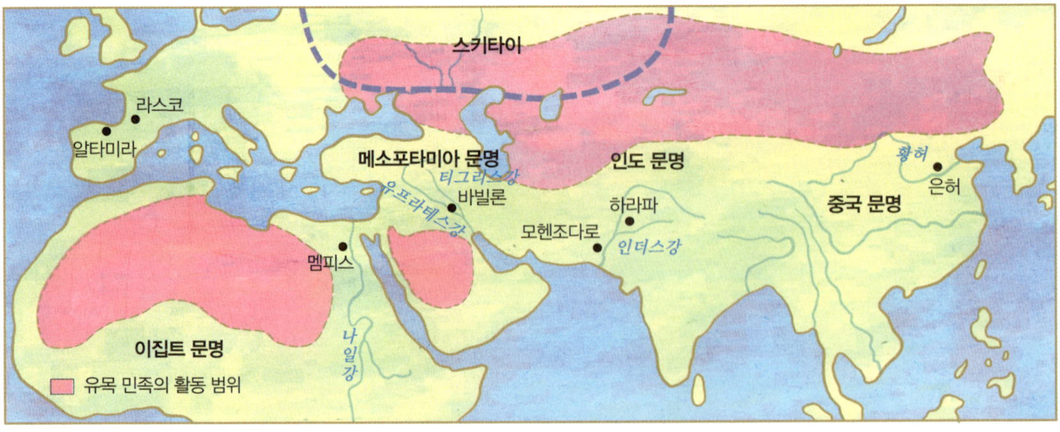

이들 중에는 양을 몰면서 초원을 이동하는 이도 있었고, 오아시스 주위에 도시를 이루고 사는 이도 있었지.

삶의 방식이야 어떻든 이들은 문명의 창시자였고, 때론 문명과 문명을 이어 주는 전달자였어. 인류 최초로 철을 이용해 도구를 만들었고, 찬란한 황금 문명을 꽃피웠지.

세계 4대 문명이 도시를 만들고 농사를 지으며 한곳에 머무른 반면, 이들이 만든 문명은 말과 함께 초원을 자유롭게 이동했어.

스키타이 황금 빗 빗 위의 장식을 보면 스키타이인들이 훌륭한 기마병이었음을 알 수 있어.

스키타이 황금 인간 기원전 400년경 지어진 스키타이 무덤에서 발견된 황금 투구와 갑옷이야.

스키타이의 양젖 짜는 모습 스키타이가 유목 민족임을 알 수 있어.

스키타이 그릇 조각 부러진 발을 붕대로 감아 주는 모습. 유목민이었던 스키타이 사람들은 말에서 떨어지는 일도 종종 있었을 거야.

흉노, 초원을 최초로 통일하고 중국과 로마를 위협하다

기원전 200년경, 한나라를 세워 중국을 두 번째로 통일한 유방은 유목 민족과 전쟁을 벌였어. 하지만 30만 대군을 가지고도 한나라는 패하고 말았지.

수많은 선물과 함께 황제의 딸까지 적에게 바치는 굴욕을 맛봐야 했어. 상대는 '흉노', 중앙아시아의 유목민을 최초로 통일한 초원의 제국이었어. 흉노는 왕을 '선우'라고 불렀대.

한나라는 장건이라는 신하를 월지로 보냈어. 월지는 흉노처럼 초원의 유목 국가였지만 흉노에게 패해 멀리 서쪽으로 쫓겨 가 있었지. 월지가 흉노에게 패했을 때, 흉노의 선우는 월지 왕의 해골을 요강으로 사용했대.

한나라는 월지의 복수심을 이용해 함께 흉노를 물리치고 싶었지만 목적을 이루지는 못했어.

흉노 선우의 금관

장건의 서역도 장건이 월지를 향해 가는 모습을 그린 벽화야.

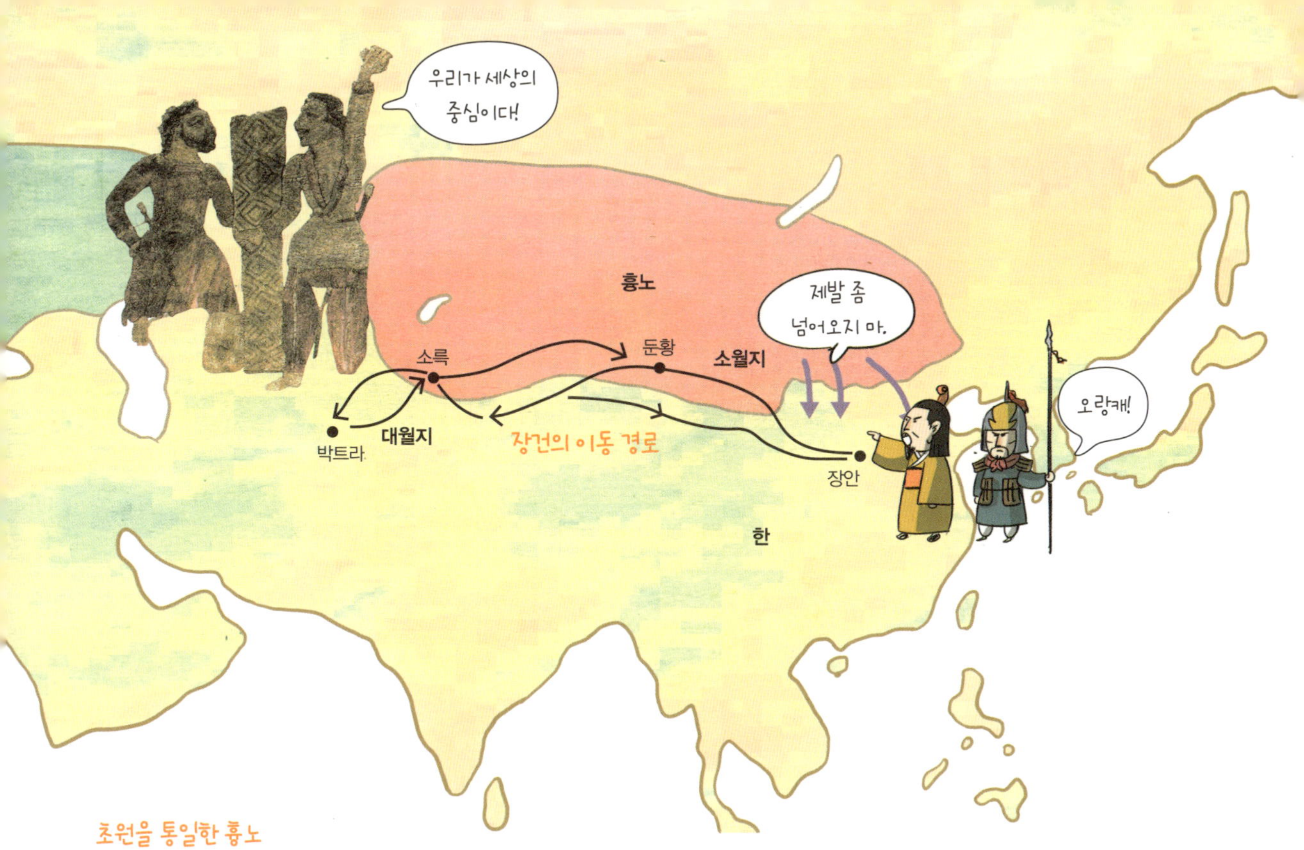

초원을 통일한 흉노
훈족을 흉노족의 일부라고 보기도 해.

600여 년 뒤 지구 반대편 로마에서도 비슷한 일이 벌어졌어. 동쪽에서 말을 타고 나타난 사람들이 국경 마을을 무참히 짓밟았거든. 로마는 이들을 '훈족'이라고 불렀어. 동서양의 두 제국이 초원의 유목민에게 시달리는 운명을 맞게 된 거야.

중국은 중국 밖에 사는 사람들을 '오랑캐'라 불렀고, 로마는 로마 제국 밖에 사는 사람들을 '바바리안(야만인)'이라고 불렀어. 둘 다 주변 사람들을 업신여기는 뜻이었지. 그러나 흉노가 거침없이 말을 달리던 시절, 흉노는 스스로를 세상의 중심이라 여겼고, 중국과 로마를 자신들의 동쪽과 서쪽 귀퉁이에 있는 나라로 취급했어.

아틸라 아틸라는 훈족의 왕이었어. 로마 사람들은 아틸라를 '신이 내린 재앙'이라고 여기며 두려워했대.

끊임없이 이동하는 자만이 살아남는다

초원을 통일한 흉노가 2개로 나뉘었어. 2명의 선우가 서로 맞붙었지.

"한나라 황제의 신하가 될 테니 제가 흉노의 유일한 지배자가 되는 걸 도와주십시오."

한나라조차 당황스럽게 만든 선우의 결정으로 흉노는 400년 만에 망하고 말아. 다른 선우는 무리를 이끌고 서쪽으로 이동했어. 이들은 인도에 나라를 세우기도 했고, 로마를 괴롭히기도 했지.

흉노가 사라진 초원을 지배한 것은 '튀르크'였어. 중국에서는 이들을 '돌궐'이라 불렀어.

552년, 중국이 여러 나라로 갈라져 서로 싸우는 틈을 타서 튀르크족이 나라를 세웠어. 왕은 '칸'이라고 불렸지. 흉노가 그랬듯이, 초원을 통일한 튀르크는 중국 당나라와 서쪽 페르시아를 위협하는 대제국이 되었어. 하지만 곧 두 나라로 갈라졌지. 동쪽의 돌궐은 곧 중국에 망했지만, 서쪽의 튀르크는 작은 나라들로 갈라져 초원에 퍼졌어.

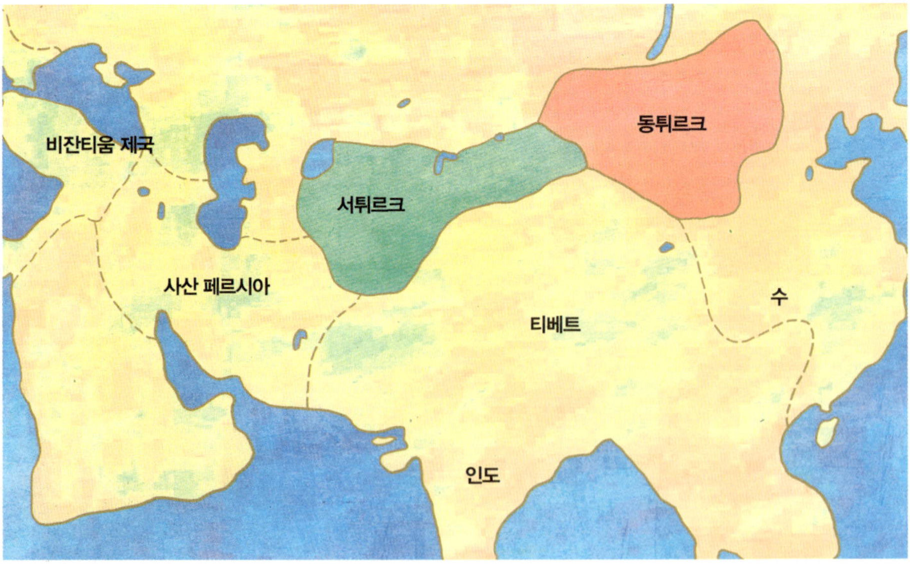

튀르크(돌궐) 제국 튀르크는 유목 국가 최초로 글자를 만들어서 자신들의 역사를 기록했어.

초원의 유목민은 우리와 생각이 다른 점이 많아. 부족에 대한 것도 그중 하나야. 초원에 강자가 나타나면 핏줄과 상관없이 그 사람 밑으로 들어가 그 부족이 되었어. 그러다 강자가 사라지면 가족 단위로 유목 생활을 했지. 땅도 그래. 누군가의 공격을 받아 땅을 빼앗기면 그냥 다른 곳으로 옮겨 가 버렸어. 초원은 드넓은데 사람은 별로 없었으니, 땅이 딱히 누구의 것이라기보다는 옮겨 가서 살면 되는 열린 공간이었거든.

톤유쿠크 비석 튀르크 제국의 명장 톤유쿠크 비석에는 "성을 쌓고 사는 자는 반드시 망할 것이요, 끊임없이 이동하는 자만이 살아남을 것이다."라고 적혀 있다.

사막의 돌풍처럼 갑자기 대제국이 나타났다가 초원의 산들바람처럼 또 갑자기 사라진 건 이 때문이야.

중국과 유럽이 초원으로 연결되다

"비단 사세요. 멀리 중국에서 온 건데, 끝내줘요."

오아시스 마을이 사람들로 붐볐어. 짧지 않은 여정으로 피곤할 법도 한데 상인, 승려, 여행자 등 다양한 이유로 이곳을 찾은 사람들은 활기가 넘쳐 보였어.

중앙아시아 초원에 살던 유목민들은 성을 쌓는 대신 길을 닦았어. 한곳에 정착해서 농사를 짓고 사는 사람들에게 땅이 중요했다면, 이리저리 옮겨 다니는 유목민들에게는 길이 중요했으니까. 오아시스와 그 옆 오아시스를 잇는 길, 그리고 다시 그 옆 오아시스를 잇는 길. 이 길들을 쭉 이으면 대륙의 동쪽 끝과 서쪽 끝까지 닿을 수 있었어. 훗날 이 길은 '실크로드'라 불리지.

실크로드 사실 실크로드는 초원의 오아시스 국가들을 이어 주던 길이었어. 훗날 독일 학자가 이 길들을 쭉 이어서 실크로드라고 이름 붙인 것뿐이야.

이 길을 따라 사람과 기술과 문명이 오갔어. 종이, 비단, 화약, 불교, 이슬람교, 천문학, 수학 등이 전해졌지.

실크로드에서 물건이 전해지는 방법은 이어달리기와 같았어. 한 오아시스에서 옆 오아시스로 물건을 팔면 그 오아시스는 다시 그 옆 오아시스에 물건을 팔고, 그러다 보면 물건이 어느새 반대쪽 끝에 도달해 있었지.

종교와 사상도 이런 식으로 퍼진 경우가 많았어. 물론 한쪽 끝에서 다른 쪽 끝까지 이동한 사람도 있긴 해.

중앙아시아는 용광로 같기도 했어. 서로 다른 문화를 녹여서 이전과는 다른 새로운 문화를 낳았지. 그리스 미술은 중앙아시아에서 간다라 미술로 바뀌었어. 인도의 불교는 중앙아시아의 크고 작은 나라들을 거쳐 중국에 전달되었는데, 그 과정에 중앙아시아의 미술과 신화가 불교에 녹아들었어.

출발! 세계 속으로

오아시스 도시에서 문명이 꽃피다, 부하라

조카들, 잘 지내고 있니? 삼촌은 며칠째 중앙아시아 초원을 자동차로 달리고 있단다. 가도 가도 똑같아 보이는 풍경에 지쳐 갈 무렵, 기적처럼 저 멀리 우뚝 솟은 성벽이 보였어.

"다른 곳에서는 빛이 하늘에서 내리쬐지만, 부하라에서는 빛이 하늘로 솟아오른다."

'수도원'이라는 뜻을 가진 부하라는 말 그대로 사막에 떠 있는 등대 같은 도시란다. 실크로드를 지나던 사람들로 붐비던 옛 모습이 삼촌 눈에는 아직도 생생하게 보이는 듯하구나.

이븐시나의 외과 수술 장면과 히바에 있는 콰리즈미 동상 이슬람 의학의 아버지 이븐시나와 대수학의 아버지 콰리즈미야. 콰리즈미가 쓴 수학책을 통해 숫자 0이 유럽에 전해졌어.

비단길 위에 있는 수많은 오아시스 도시 중에서도 이곳 부하라가 돋보이는 건 저 높은 성벽 때문도, 아름다운 건축물 때문도 아니란다. 그건 바로 사람 때문이야.

부하라와 근처 오아시스 도시는 이슬람 의학과 수학에서 가장 중요한 사람들을 배출했어. 이들의 연구는 유럽까지 전해져서 유럽이 발달하는 데 큰 역할을 했지. 숫자 0을 포함해 인도 수학을 아랍식으로 바꾼 것도 이 지역이야. 중앙아시아 초원이 결코 문명의 귀퉁이가 아니라 오히려 중심이었음을 증명해 주고 있지.

훌륭한 사람을 배출한 이 도시를 보고 있자니 삼촌은 너희가 더 그립구나. 멀리 초원의 오아시스 도시 부하라에서 낙타만 한 그리움을 보낸다.

어린이들의 세계사

인질이었던 소년이 흉노 제국을 건설하다

어느 나라나 그렇듯이, 흉노도 처음 생겼을 때는 강한 나라가 아니었어. 월지라는 훨씬 강한 이웃 나라가 있었지. 흉노를 세운 두만 선우는 큰아들을 월지에 인질로 보내야 했어.

두만 선우는 참 매정한 아버지였나 봐. 아들이 인질로 가 있는데도 월지를 공격했거든. 흉노와 전쟁이 벌어지면 월지가 자기 아들을 가장 먼저 죽일 것을 알면서도 말이야.

두만 선우의 아들인 묵특은 용케도 월지를 탈출했어. 그것도 뛰어난 말을 훔쳐 타고서 말이야. 두만 선우는 살아 돌아온 아들을 어쩔 수 없이 받아 주었어. 장군이 된 묵특은 기마병들을 훈련시켰는데, 이 훈련이라는 게 좀 특이했어. 묵특이 소리 나는 화살을 쏘면, 모든 병사는 그 화살이 날아가는 곳으로 활을 쏘아야만 했어.

마답비연 제비를 밟고 달리는 말. 중앙아시아의 날랜 말은 중국도 탐을 냈어.

투르크메니스탄 100마나트 투르크메니스탄의 돈에 그려진 묵특 선우. 묵특은 '용감한 사람'이라는 뜻이래.

묵특은 처음엔 자신이 가장 사랑하는 말을 향해 소리 나는 화살을 날렸어. 그러고는 활을 쏘지 않고 망설이는 병사들을 죽여 버렸지. 그 다음엔 자신의 애인에게 화살을 날렸어. 이번에도 활을 쏘지 않은 병사들을 모두 죽였어.

마침내 묵특은 아버지 두만 선우를 향해 소리 나는 화살을 날렸어. 병사들은 한 사람도 빠짐없이 화살을 날렸지. 이렇게 묵특은 흉노의 두 번째 선우가 되었어.

어린 시절 큰 고난을 이겨 낸 묵특 선우에게는 거칠 것이 없었어. 드디어 월지를 비롯해 주변 유목 국가들을 정복하고 초원을 통일했어. 남은 건 중국을 통일한 한나라뿐이었지.

한나라 왕 유방은 친히 군대를 이끌고 흉노를 정벌하러 나섰어. 문제는 추위였지. 병사 열에 셋은 손가락이 얼어서 떨어져 나갔어. 그럼에도 한나라는 공격을 멈추지 않았어. 흉노가 거짓으로 패한 척하며 도망을 다녔거든. 신이 나서 쫓던 한나라는 흉노의 속임수에 빠졌음을 알아차렸지만 이미 너무 늦은 뒤였어. 한나라의 왕 유방은 묵특 선우의 부인에게 선물을 보내 겨우 목숨을 구했지만, 그 뒤로도 흉노에게 많은 선물은 물론 딸까지 바쳐야만 했대.

너 혹시 전학 가 본 적 있니? 전학을 가면 새 친구들을 사귄다는 설렘이 있는 반면, 새로운 환경과 사람들에 대한 두려움도 함께 밀려오지. 그런데 전학 간 학교에서 인기가 너무 많아져서 마치 그 학교의 주인공처럼 된다면 어떨까? 튀르크가 그런 경우였어. 당나라에게 망한 뒤 튀르크(돌궐)의 일부는 서쪽으로 서쪽으로 이동해. 얼마나 멀리 이동을 했냐면, 대륙을 가로질러 아시아 서쪽 끝까지 닿았어. 이들이 이슬람 제국의 새 주인이 되는데, 그 드라마 같은 과정이 지금 막 시작되려 해.

630년
(동)돌궐이 당나라에게 멸망

1037년
셀주크 튀르크 왕조가 일어남

632년
예언자 무함마드 사망

1071년
셀주크 튀르크가 비잔티움 제국을 격파하고, 비잔티움 제국 황제를 포로로 잡음

8

이슬람의 새 주인, 셀주크 튀르크

1099년

1차 십자군이 예루살렘을 함락하고 예루살렘 왕국 건설

1147년

포르투갈이 십자군의 지원을 받아 리스본 점령

1169년

살라딘이 이집트에 아이유브 왕조 건국

튀르크인들이 대륙을 가로질러 아시아 서쪽으로 이동하다

아바스 왕조가 아시아의 서쪽을 차지했을 때, 아시아의 동쪽은 당나라가 차지하고 있었어. 이 둘은 중앙아시아를 놓고 싸울 수밖에 없는 운명이었어. 그런데 운명의 여신은 아바스 왕조 편이었나 봐. 중앙아시아의 서튀르크 왕에게서 비밀스런 연락이 온 거야.

"흉악한 당나라가 저희 아버지를 죽였습니다. 당나라와 싸워 주십시오. 저희도 아바스 왕조를 도와 당나라를 치겠습니다."

751년 여름, 탈라스 강가에서 아바스군과 당나라군의 전투가 벌어졌어. 당나라 편으로 전투에 참가했던 서튀르크 군대가 당나라를 배신하면서 전투는 5일 만에 끝났어. 아바스군의 완승이었지. 탈라스 전투의 승리로 중앙아시아는 이슬람 세계가 되었어.

제지술 전파 탈라스 전투에서 포로로 잡힌 당나라 군사 중에 종이 기술자가 있었어. 덕분에 종이 만드는 기술은 이슬람 세계로 퍼져 갔어. 탈라스 전투에서 당나라 군대를 지휘한 사람은 망한 고구려의 후손인 고선지였어.

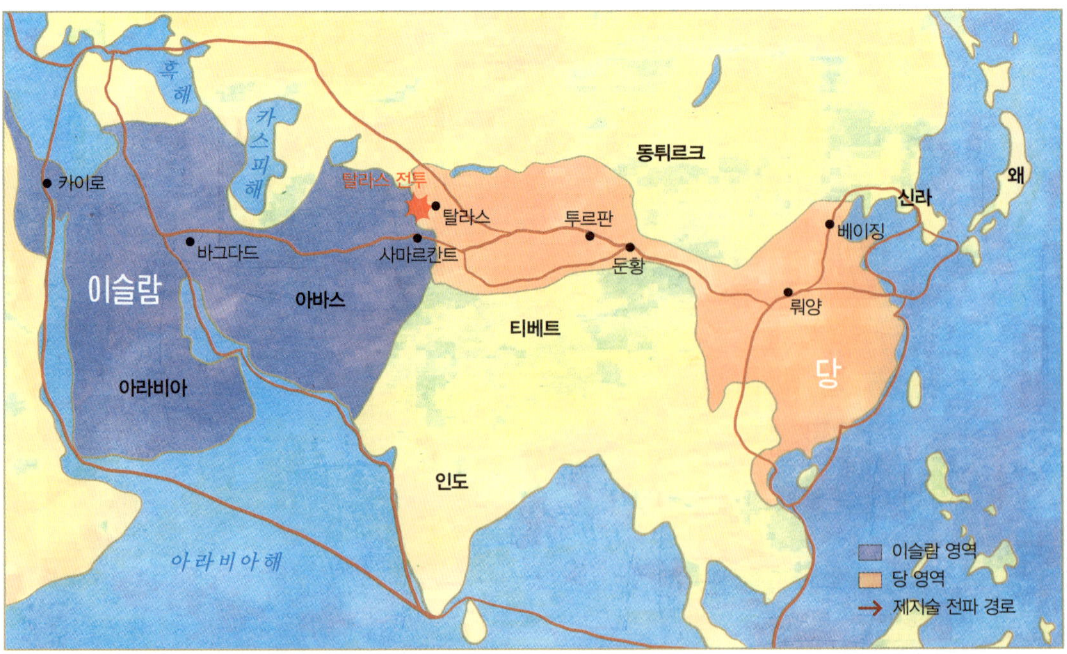

텡그리 샤먼과 오보 텡그리 샤먼은 텡그리 신에게 점을 치는 주술사야. 텡그리는 '하늘' 또는 '자연'을 의미해. 중앙아시아에서 돌을 쌓아 표시한 신성한 지역을 '오보'라고 하는데, 우리나라의 서낭당이랑 많이 닮았어.

중앙아시아에 이슬람교가 퍼지면서 서튀르크 사람들에게도 변화가 생겼어.

"알라는 오직 한 분이고, 이 세상과 인간을 만든 분이라고? 우리 조상들이 옛날부터 믿어 오던 텡그리 신과 똑같잖아!"

튀르크 사람들은 텡그리 신을 믿듯이 알라를 섬기면 되었기 때문에 종교를 바꾸는 데 거부감이 없었어. 게다가 이슬람교를 믿기만 하면 세금도 낼 필요가 없었으니 믿지 않을 이유가 없었지.

이슬람교를 믿게 된 튀르크인은 서쪽 이슬람 세계로 퍼져 나갔어. 튀르크인은 유목민이었으니 이동하는 건 이상한 일이 아니었지.

말타기와 전투에 능했던 튀르크인은 이슬람 제국의 군인이 되었어. 주인에게 충성해야 하는 신분이었지만, 군인이 되어 힘을 키운 덕에 뒷날 이슬람 제국의 주인이 되는 발판을 마련했어.

튀르크인들이 이슬람 세계의 새로운 주인공이 되다

1037년, 튀르크 부족 중 하나인 셀주크족이 이란 지역에서 반란을 일으키고 나라를 세웠어. 그때 바그다드에 있던 칼리프에게서 연락이 왔어.

"셀주크 튀르크의 왕이여, 나를 괴롭히는 시아파 세력을 몰아내 주십시오."

1055년, 칼리프의 요청을 받은 셀주크 튀르크는 아바스 왕조의 수도인 바그다드를 점령했어. 칼리프는 이렇게 선언했어.

"그대 튀르크 왕에게 나라를 다스릴 권한을 주고, 술탄이라고 부르겠노라."

칼리프가 이슬람 세계의 정치와 종교를 모두 지배하던 시대가 이렇게 끝났어. 이제부터 정치는 술탄이, 종교는 칼리프가 지배하는 시대가 되었어. 유럽에서 정치는 왕이 맡고, 종교는 교황이 맡듯이 말이야.

셀주크 튀르크는 서쪽으로 세력을 넓혀 나갔어. 서쪽에 있던 비잔티움

셀주크 튀르크 병사

셀주크 튀르크의 세력 확장 유목민의 전통에 따라 셀주크 튀르크는 크고 작은 나라로 갈라졌지만, 바그다드의 술탄을 중심으로 공동체를 이루어 나갈 수 있었어.

투르크메니스탄에 있는 토그릴 베그 동상 토그릴은 자신의 조상인 튀르크 이름을 붙인 셀주크 튀르크를 건국했어.

제국은 심기가 불편해졌어. 그래서 황제가 직접 대군을 이끌고 전투에 참가했지만 크게 패하고 말아. 셀주크 튀르크의 술탄은 비잔티움 제국의 황제를 사로잡았지만 풀어 주었어.

황제의 입장에서는 살아서 풀려난 것이 죽느니만 못한 치욕이었지. 게다가 옛 로마 제국 때부터 시작해서 1000년 이상 다스리던 아시아 지역을 잃게 되었어. 비잔티움 제국은 다시는 이 지역을 되찾지 못해.

아시아에서 비잔티움 제국을 몰아낸 튀르크인은 누가 뭐래도 이슬람의 새 주인공이었어.

튀르키예 아라라트 산에 있는 초기 셀주크 튀르크의 요새

십자군 전쟁, 유럽 기사들이 이슬람 영토를 침략하다

셀주크 튀르크는 이슬람교 중에서도 수니파를 믿었어. 이집트의 파티마 왕조는 시아파를 믿었지. 이들은 서로 대립했고, 둘 사이에 예루살렘이 있었어. 그래서 예루살렘 순례길이 막힐 때도 있었지. 이 무렵, 로마에 있던 교황은 한 통의 편지를 받았어.

"예루살렘에서 크리스트교인들이 탄압을 받고 있습니다. 교황이시여, 예루살렘을 구해 주십시오."

편지 내용은 거짓이었어. 이때는 셀주크 튀르크가 예루살렘에서 물러나서 크리스트교인들이 예루살렘을 자유롭게 방문하고 있었거든.

편지를 보낸 건 비잔티움 제국의 황제였어. 유럽의 힘을 빌려 셀주크 튀르크를 물리치려는 속셈이었지. 거짓말이건 아니건 교황도 이 제의가 싫지만은 않았어. 잘만 하면 자신의 힘을 키울 수도 있겠다 싶었거든.

십자군

교황은 유럽의 왕과 기사들에게 예루살렘을 구원하라고 요구했어.

곧이어 유럽 각지에서 출발한 기사들이 예루살렘을 되찾겠다며 지중해를 건너 쳐들어왔어. 십자군 전쟁이 시작된 거야. 유럽 기사들은 이 전쟁을 성스러운 전쟁으로 생각했지만, 무슬림들의 생각은 좀 달랐어.

클레르몽 종교 회의 클레르몽에서 교황이 예루살렘을 구원하자고 연설하고 있어.

"딴 종교와 싸우는 게 새삼스러운 것도 아니잖아. 페르시아는 조로아스터교였고, 당나라는 불교였지."

예루살렘뿐만 아니라 서쪽의 에스파냐에서도 유럽의 공격을 받고 있던 터라, 무슬림들은 이 침략 또한 숱하게 치러 온 전쟁 정도로 생각했어.

이슬람군

십자군 전쟁, 종교 뒤에서 사람의 욕심이 싸우다

예루살렘을 약탈하는 십자군 예루살렘을 점령한 십자군은 무슬림과 유대인을 하느님의 이름으로 잔인하게 죽이고 약탈했어.

예루살렘 성벽에 몸을 바짝 기댄 채 무슬림 병사가 두려운 눈으로 성벽 너머를 바라보고 있어. 오랜 이웃인 유대인 병사가 옆에 있어서 그나마 위안이 되었지만, 그 친구도 떨고 있었지. 십자가가 그려진 깃발이 사막의 바람결에 물결치고 있었어. 유럽 기사들의 수는 그 깃발보다 훨씬 많아 보였어.

마침내 예루살렘이 함락되던 날, 무슬림과 유대인들은 유럽 기사들에게 잔인하게 학살당했어. 셀주크 튀르크 영토 곳곳에 십자군이 세운 나라가 들어섰어. 예루살렘 반대편 에스파냐 쪽 사정도 비슷했어.

십자군 전쟁 내내 양쪽은 서로 자신들의 신이 상대방을 심판할 것이라고 믿으며 싸웠어. 신의 이름을 걸고 싸우는 전쟁은 언제나 더 잔인해. 사람을 죽이고 도둑질을 하면서도 당당할 수 있거든.

십자군 전쟁은 크리스트교와 이슬람교 간의 종교 전쟁 같지만, 이상한 면이 많아. 같은 하느님을 믿는데도 십자군이 비잔티움 제국을 쳐들어가 약탈하기도 했고, 예루살렘과 이집트를 놓고 무슬림끼리 싸우기도 했거든. 상대방과 싸우기도 버거웠을 텐데 말이야. 심지어는 이슬람의 술탄이 십자군 기사들에게 다른 이슬람 국가를 공격하자고 제안하기도 했대.

이렇게 이상한 종교 전쟁이 벌어진 이유는 간단해. 종교가 전쟁의 전부가 아니었기 때문이야. 신을 앞세웠지만 마음속에는 권력과 이익을 탐하는 인간의 욕심이 있었거든. 물론 종교에 대한 고집도 문제였지. 로마 교황과 비잔티움 황제는 자기만이 진짜로 하느님을 섬긴다고 우겼어. 수니파와 시아파도 자기만이 진정으로 알라의 뜻을 따른다고 믿었지.

콘스탄티노플을 공격하는 십자군 십자군은 이슬람이 아닌 비잔티움 제국의 수도를 공격해서 약탈했어. 비잔티움 제국도 크리스트교를 믿는 나라인데 말이야.

세 종교의 성지, 예루살렘

오늘은 십자군 전쟁의 원인이 된 도시, 예루살렘에 가 볼 거야. 예루살렘은 유대교, 크리스트교, 이슬람교, 이렇게 세 종교가 모두 신성한 곳으로 여기는 도시란다. '예루'는 '도시'를, '살렘'은 '평화'를 뜻해. 그러니 예루살렘은 '평화의 도시'라는 뜻이 되지.

이슬람이 1000년 넘게 이곳 예루살렘을 지배했지만 유대인과 크리스트교인들이 자신들의 종교를 지키며 살아가는 걸 허용했어. 지금도 이곳 예루살렘은 유대교, 크리스트교, 이슬람교, 아르메니아정교, 이렇게 4개의 종교 지역으로 나누어져 있어. '평화의 도시'라는 이름에 어울리게 이곳에 진정한 평화가 깃들기를 기도하며 둘러보자.

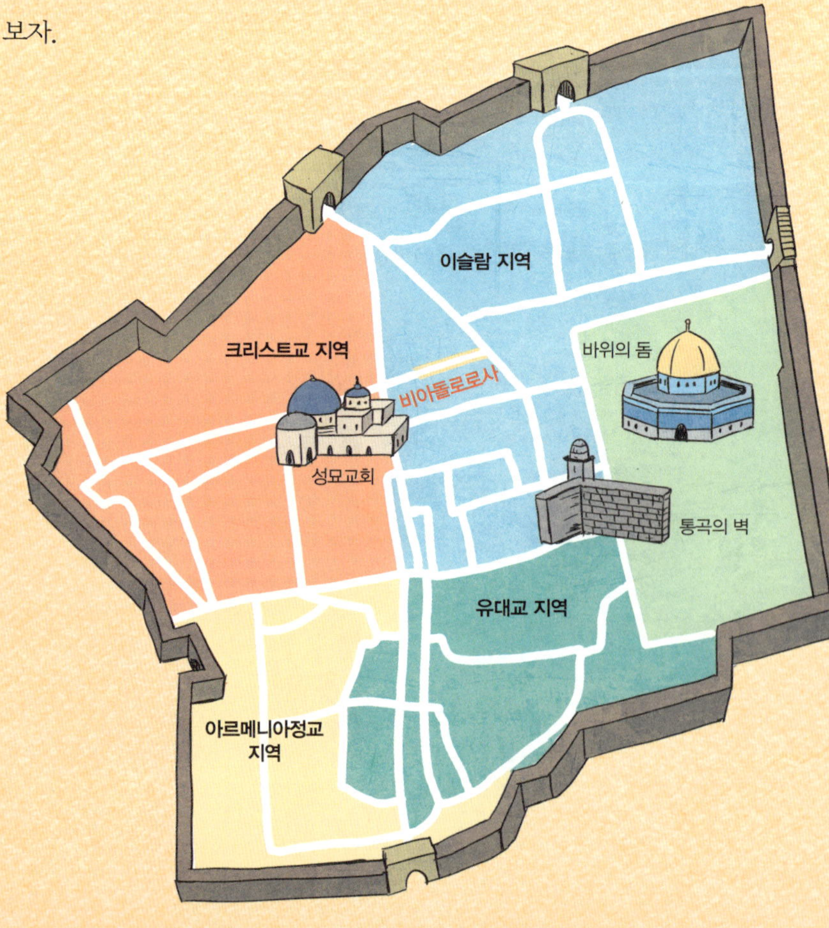

황금 사원 이슬람교의 성지인 황금 사원(바위 사원)이야. 예언자 무함마드는 이곳 바위 위에서 천사와 함께 하늘로 올라갔다고 전해져.

비아 돌로로사 좁게 보이는 저 돌길은 예수가 십자가를 지고 처형장으로 걸어간 길이야. 길은 이슬람 지역 안에 있지만 다툼은 없어. 이슬람교에서도 예수는 예언자로 존경받고 있거든. 길 끝에는 예수가 십자가에 못 박혀 죽은 골고다 언덕 위에 세워진 성묘교회가 있단다. 크리스트교의 성지이지.

통곡의 벽 로마 군대는 이스라엘을 점령하고 유대교 성전을 허물어 버렸어. 이스라엘 사람들이 예루살렘에 들어가는 것도 금지했는데, 단 하루, 성전이 파괴된 날에는 허용했대. 유대인들이 이 벽 앞에서 흐느껴 울었다고 해서 '통곡의 벽'이라고 부른다는구나.

어린이들의 세계사

십자군에게서 이슬람 세계를 구한 영웅, 살라딘

소설 속 영웅이긴 하지만 로빈 후드가 영국에서 열심히 화살을 날리고 있을 무렵, 십자군 전쟁터에 진짜 영웅이 나타났어. '사자왕'이라 불린 영국의 리처드 왕조차도 당해 낼 수 없는 인물이었지. 무슬림들은 물론, 적군인 십자군마저도 존경을 표하는 인물, 그의 이름은 '살라딘'이었어.

살라딘은 1138년에 이라크 북부에서 태어났어. 쿠르드족이라는 소수 부족 출신이었지. 쿠르드족은 지금까지도 나라를 이루지 못하고 사는 불운한 민족이야.

어린 살라딘은 이슬람 세계에서 가장 큰 도시 중 하나였던 다마스쿠스에서 이슬람교를 공부했어. 겨우 14세에 삼촌을 따라 군인이 되었대.

본격적으로 십자군과 전쟁을 벌인 살라딘은 예루살렘을 되찾았어. 무슬림과 유대인이 함께 지키던 예루살렘이 십자군에게 점령된 지 88년 만의 일이었지.

카이로 시타델 십자군 전쟁의 영웅인 살라딘이 1176년에 지은 요새야. 살라딘은 이집트에 아이유브 왕국을 건설하고 왕이 되었지.

"예루살렘을 점령한 십자군이 그랬듯이, 저들을 불태우고 십자군의 무덤을 파헤칩시다."

군사들이 복수심에 불타올라 소리를 높였지만, 살라딘의 대답은 차분했어.

"천국의 가장 위대한 특징은 사랑과 용서이다. 크리스트교인들이 예루살렘을 걸어서 나가게 해 줘라."

자비롭기만 했던 건 아니지만, 예루살렘에서 보여 준 살라딘의 행동은 유럽 사람들의 눈에는 분명 영웅의 모습이었어.

살라딘의 동상
시리아의 수도 다마스쿠스에 있어.

맘루크, 노예 출신의 군인들이 술탄이 되다

이슬람교가 등장하기 전부터 아랍 세계에는 노예 제도가 있었어. 사실 유럽인들보다 먼저 아프리카 노예를 사고판 것도 아랍인들이었어. 이슬람교가 전파된 뒤에도 노예 제도는 그대로 유지되었어. 그렇지만 《쿠란》의 말씀에 따라 노예를 해방시켜 주는 것을 선한 일로 장려했지.

노예라고는 하지만 주인을 모신다는 것을 제외하면, 우리가 알고 있는 노예와는 상당히 달라. 결혼도 자기 뜻대로 했고 자기 재산도 가지고 있었어. 하는 일에 제약도 별로 없어서 나라의 높은 관리가 되기도 했지. 노예에서 해방되는 일도 자주 있었는데, 해방되더라도 주인이었던 사람보다는 낮은 지위에 있어야 한다는 조건은 있었대.

이슬람 세계의 노예 중에서 군인 직업을 가진 이들을 '맘루크'라고 불러. 맘루크들은 주로 중앙아시아의 튀르크족 출신이었어. 이집트에 아이유브 왕조를 건설한 살라딘도 맘루크를 중요하게 여겼어. 십자군과의 전투는 물론 자신의 권력을 지키는 데 꼭 필요했거든.

하지만 맘루크들이 언제나 주인만을 위해 살지는 않았어. 1250년, 이집트의 맘루크들은 반란을 일으키고 나라의 주인이 되었어. 이를 맘루크 왕조라고 하지.

아랍의 노예 매매 13세기, 노예를 사고파는 이슬람 상인들의 모습이야.

맘루크 왕조 맘루크 왕조 이전에도 오늘날의 아프카니스탄과 인도에서 노예 출신 군인들이 나라를 세운 적이 있어.

이집트의 맘루크 왕조는 뒷날 세계 최강의 몽골군을 물리쳐서 이슬람 세계를 지켜내기도 해. 바그다드에 살던 칼리프가 몽골군에게 살해되자, 그 아들을 이집트로 데려와서 칼리프를 이어 나가게 한 것도 맘루크 왕조였어.

와디 알 카잔다르 전투 1299년 다시 쳐들어온 몽골군과 싸우는 맘루크 기병대의 모습이야. 활을 들고 있는 쪽이 몽골군, 창을 들고 있는 쪽이 맘루크군이지.

맘루크 시대의 유리병 맘루크 기병이 새겨진 유리병이야. 노예 출신 군인들이 세운 나라라고 해도 이집트의 화려한 문명은 어디 가지 않았지.

《타임스》라는 유명한 잡지가 '인류 1000년 역사에서 가장 큰 영향을 끼친 사람'을 조사한 적이 있대. 1위가 누구였는지 아니? 바로 '칭기즈 칸'이라는 사람이야. 세계에서 가장 넓은 제국을 건설했던 몽골의 영웅이지. 칭기즈 칸과 몽골인들이 어떻게 세계를 하나로 묶었는지 한번 살펴볼까?

9

초원에서 시작해 세계 제국을 건설한 몽골

1368년

원나라가 명나라에게 패하여
몽골 초원으로 쫓겨 감

1395년

티무르 제국이 킵차크한국과
동차가타이한국을 정복하고
서아시아 통일

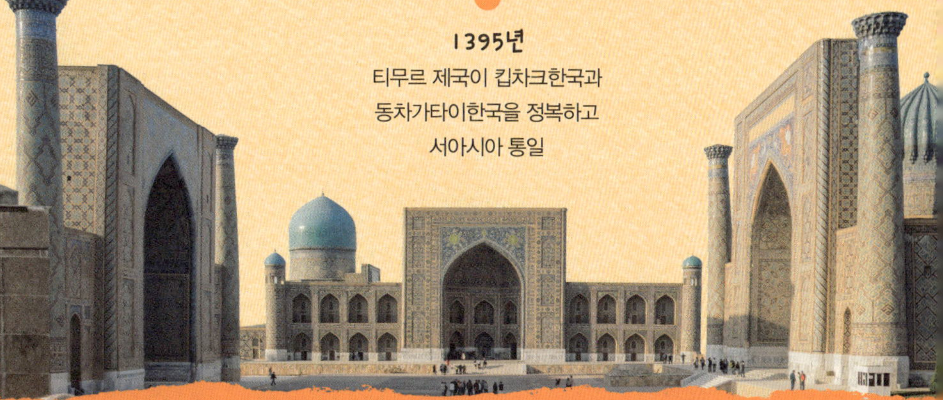

초원의 잿빛 늑대, 다시 초원을 통일하다

십자군 전쟁이 시들해질 무렵, 중앙아시아 초원에는 또다시 말발굽 소리가 울려 퍼졌어. 몽골, 이 보잘것없는 부족이 주변 부족을 하나씩 통일해 나가기 시작한 거야.

10명, 100명, 1000명 순으로 구성된 몽골 기마병의 중심엔 언제나 한 사나이가 있었어. 테무친이었지. 어려서 부족장이던 아버지를 여읜 후 갖은 고초를 겪으며 자란 테무친을 사람들은 '초원의 잿빛 늑대'라고 불렀어.

"하늘에는 해와 달, 2개의 빛이 있지만, 초원에는 오직 하나의 빛만이 있어야 한다. 내가 저 보잘것없는 몽골족을 물리치고 테무친을 죽이겠노라."

테무친을 하찮게 본 다른 부족장들이 이렇게 외쳤지만, 결국 초원의 유일한 빛이 된 것은 테무친이었어. 1206년, 중앙아시아 초원의 모든 부족을 통일한 테무친은 '칭기즈 칸'이라고 불렸어.

초원을 통일한 지배자가 그래 왔듯이, 칭기즈 칸도 농사를 짓고 사는 주변 나라들을 공격하기로 마음먹었어. 농사를 짓는 사람들은 도시를 이루고 살았고, 도시는 성벽으로 둘러싸여 있었지.

몽골군 공성전 몽골군은 적군의 기술을 또 다른 적군을 공격하는 데 사용했어. 중국 포로에게 배운 화약으로 이슬람 군대를 공격했고, 이슬람 포로에게 배운 성벽 공격 기술을 이용해 중국의 성벽을 무너뜨렸어.

"말은 저 높은 성벽을 넘지 못합니다. 화살은 성벽에 막혀 적을 죽이지 못합니다."

성벽을 처음 접한 몽골군은 당황하기 시작했어.

"초원의 방식으로 싸워서는 안 되겠다. 포로들 중에 저 성벽을 공격할 방법을 아는 자들을 찾아라."

포로들은 성을 공격하는 방법을 알려 주었어. 몽골 사람을 야만인 취급하던 국가들이 몽골에 항복하기 시작했고, 마침내 중국 북쪽의 대제국인 금나라마저 몽골에게 멸망하고 말았지.

칭기즈 칸 기념상 전설에 따르면, 몽골족은 잿빛 늑대인 '부르테치노'와 흰 사슴인 '코아이마랄' 사이에서 태어났대.

칭기즈 칸의 아들과 손자가 대제국을 완성하다

무서울 것 없어 보이는 칭기즈 칸의 몽골군이었지만, 중국의 남송만은 만만한 상대가 아니었어. 결국 중국을 놔두고 서쪽으로 관심을 돌렸지. 몽골 서쪽에는 이슬람교를 믿는 호라즘이라는 나라가 있었어. 칭기즈 칸은 이번에는 군대가 아닌 상인을 보냈어.

"우리 몽골의 위대한 칸께서 당신 나라와 장사를 하고 싶어 하십니다."

"뭐라? 감히 위대한 칸이라고? 여봐라, 저놈은 수염을 깎은 후 자기 나라로 돌려보내고, 나머지 놈들은 모두 죽여 버려라!"

호라즘 왕국의 술탄이 내린 이 오만한 결정은 세계의 역사를 바꾸어 놓았어. 몽골의 서방 원정이 시작된 거야. 1219년에 칭기즈 칸과 그의 아들들이 이끄는 군대가 실크로드의 중심부를 장악하고 있던 호라즘 왕국으로 쳐들어갔어.

호라즘을 공격하는 몽골 호라즘을 시작으로 몽골군은 이슬람 세계를 정복하기 시작했어.

"성문을 열고 항복하는 도시는 살려 준다. 그러나 저항하는 도시에서는 단 한 명도 살려 주지 않겠다."

저항을 용납하지 않는 몽골군 앞에 호라즘은 1년 만에 멸망해 버려.

그런데 호라즘을 정복하고 몽골로 되돌아오는 길에 칭기즈 칸은 말에서 떨어져 큰 부상을 입고, 얼마 후 죽고 말아. 하지만 칭기즈 칸의 아들과 손자들은 더욱 맹렬히 정복 활동을 이어 나갔지.

"싸울 준비가 안 되어 있는 유럽을 공격합시다."

"아니오. 물건과 식량이 풍부한 중국 남송을 멸망시켜야 합니다."

논쟁 끝에 결국 군대를 나누어 두 곳을 모두 공격하기로 했어. 러시아 평원을 휩쓴 뒤 서유럽 공격을 시작할 무렵 멀리서 슬픈 소식이 날아들었지.

"2대 칸께서 사망하셨습니다. 모든 장군은 장례식에 참석하러 몽골 초원으로 돌아오십시오."

서유럽은 이렇게 살아남았어. 하지만 중국 남송은 얼마 안 가 몽골에게 멸망하고 말았지. 이렇게 칭기즈 칸의 아들과 손자들은 거대한 몽골 제국을 완성했어.

몽골 제국 칭기즈 칸의 아들과 손자들은 각자 칸이 되어 영토를 나눠 가졌지만, 몽골이라는 울타리 안에서 하나였어.

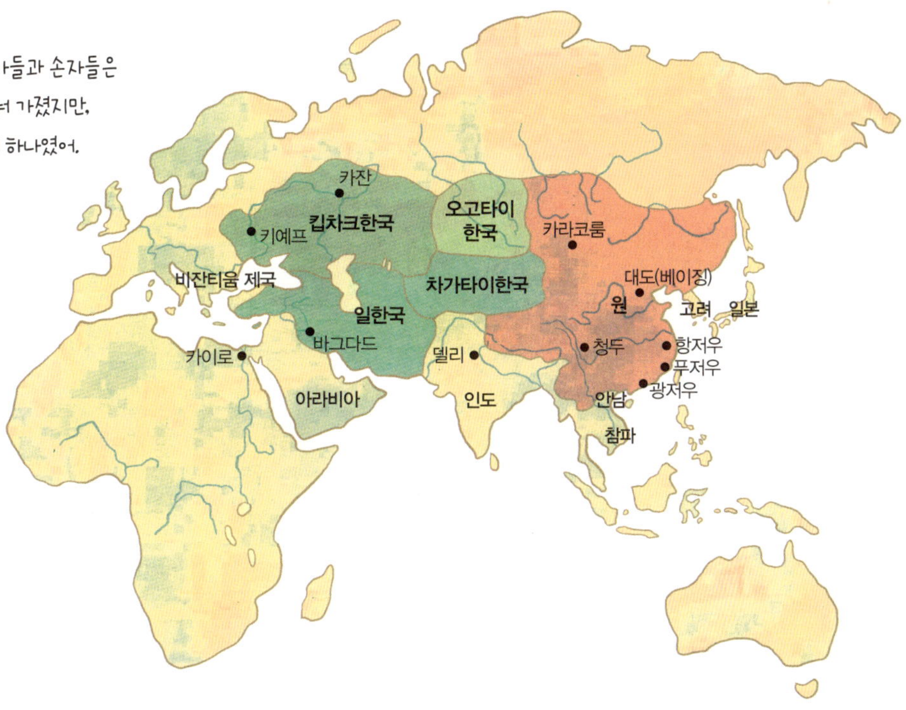

몽골의 이름 아래 세상이 하나가 되다

칭기즈 칸이 죽자 유목민의 전통에 따라 아들과 손자들이 몽골 제국의 땅을 나누어 가졌어. 그러나 이것이 몽골 제국의 분열을 의미하는 것은 아니야. 땅을 물려받은 아들과 손자들은 '쿠릴타이'라는 회의를 통해 칸 중의 칸, 곧 대칸을 선출했어. 몽골 제국은 대칸의 지도 아래 여러 나라가 모여 있었어. 여러 주가 대통령의 지도 아래 하나의 나라가 되는 오늘날의 미국과 비슷한 구조야.

전투를 하면 할수록 몽골군은 늘어 갔어. 오랜 초원의 법칙대로 사람들이 자신의 주인을 버리고 더 힘 센 주인을 찾아 몽골군이 되었기 때문이지.

"함께 말을 달리고, 함께 말린 양고기를 씹으며 전쟁터를 누빈 우리는 모두 몽골인이다."

유목민은 전통적으로 핏줄에 따라 부족을 나누지 않았어. 부족이 달라도 스스로 몽골인이라고 생각하면 몽골인으로 받아들였지.

사냥하는 쿠빌라이 칸
쿠빌라이는 칭기즈 칸의 손자야. 경쟁자를 물리치고 대칸이 되었어.

“무엇이 걱정인가? 칸에게 복종하기만 하면 종교도 지키고 평화롭게 살 수도 있는데.”

“맞아, 몽골이 다스리니 예전의 신분과 상관없이 능력만 있으면 얼마든지 출세도 할 수 있어.”

몽골에 저항하지만 않는다면 사람들은 자신의 종교와 문화를 그대로 지킬 수 있었지. 아시아 대륙 동쪽 끝에서 서쪽 끝까지 몽골이라는 하나의 제국 아래 놓이자, 가장 신난 사람들은 상인들이었어.

“예전엔 국경을 넘을 때마다 규칙도 다르고 세금도 내야 해서 힘들었는데, 이제는 그렇지 않아서 좋아.”

제국 곳곳을 연결하는 길과 역참을 따라 수많은 사람과 물건과 정보가 오고 갔어. 다른 세상인 듯 서로 상관없이 지내 오던 세계가 이제 몽골 제국의 울타리 안에서 하나가 되었어.

몽골 제국, 초원의 방식으로 계속 이어지다

쿠릴타이 몽골 제국의 칸들이 모여 중요한 일을 결정하는 회의야. 대칸도 쿠릴타이에서 뽑았어.

대칸을 뽑는 쿠릴타이는 언제나 긴장 속에 진행되었어. 제국 곳곳에서 모인 칸들은 누구를 대칸으로 밀 것인지를 놓고 편을 갈라 싸우기도 했지.

시간이 지날수록 제국의 힘을 하나로 모으기가 쉽지 않았어. 게다가 원나라와 일한국처럼 유목민의 전통을 잊고 정복한 곳의 전통을 따르는 나라가 생기면서 몽골은 예전의 단결된 힘을 잃어 갔어.

그러던 중 원나라에서 반란이 일어났어. 패한 몽골인들은 몽골고원으로 돌아왔어.

"비록 지금은 조상들이 살던 땅으로 돌아가지만, 힘을 길러 언제고 다시 돌아오리라."

정복했던 땅에서 물러났지만, 몽골이 망한 것은 아니야. 풍선의 한쪽을 누르면 다른 쪽이 부풀어 오르듯, 정복했던 곳을 떠나 초원으로 돌아가서 제국을 이어 나갔어.

하지만 고향인 몽골 초원과 너무 멀리 떨어져 있었던 일한국은 초원으로 돌아오지 못하고 그 자리에서 멸망했어.

"칭기즈 칸께서 이룩한 위대한 몽골 제국을 다시 이루겠노라."

일한국이 멸망한 자리에서 몽골 부족장의 후손인 티무르가 새로운 몽골을 부활시켰어. 비록 티무르 제국은 얼마 못 가서 힘을 잃지만 그 후손은 인도로 가서 무굴 제국을 세웠어. 무굴은 '몽골'이라는 뜻이었지.

킵차크한국은 여러 한국으로 나누어지긴 했지만 1700년대까지 살아남았어.

1636년에 열린 쿠릴타이에서 몽골 부족은 만주족인 청나라 황제를 몽골의 칸으로 받아들였어. 칭기즈 칸이 건설한 세계 제국은 그렇게 서서히 사라져 간 거야.

구르 에미르 티무르와 그 가족들이 묻힌 무덤이야. 인도에 있는 타지마할은 이 구르 에미르를 참고해서 만들었대.

사마르칸트에 세워져 있는 티무르 동상

또 한 번의 몽골 제국을 이룩한 티무르

일한국이 멸망하고 차가타이한국이 동서로 나뉘어 싸우던 혼란스러운 시절, 도시 근처 유목민 천막에서 한 아이가 태어났어. 아이의 이름은 티무르였지. 티무르의 아버지는 작은 부족을 이끌고 있었지만 칭기즈 칸의 후손은 아니었어.

유목민의 전통을 따랐기에 티무르는 학교에 가거나 글을 배운 적이 없었어. 하지만 학문에 관심이 많았고, 누군가 글을 읽어 주면 몇 번 반복한 뒤 외워 버릴 정도로 영특했대.

영특한 티무르에게는 두 가지 꿈이 있었어.

"이다음에 크면 칭기즈 칸처럼 위대한 몽골 제국을 다시 일으켜 세울 거야."

"이 세상 모든 사람이 이슬람교를 믿도록 만들고 말겠어."

시간이 지날수록 소년은 자신의 꿈을 향해 나아갔어. 수십 명의 부하를 데리고 1000명이나 되는 적을 무찌르기도 했지. 전투에서 다쳐 다리를

사마르칸트의 천막에서 잔치를 베푸는 티무르 칭기즈 칸이 그랬던 것처럼 티무르도 유목민의 전통을 따라 천막을 짓고 그 안에서 생활했대.

티무르 제국

젊었지만 패배를 모르는 그의 주위로 수많은 부하가 몰려들었어. 티무르는 어느새 초원과 도시를 아우르는 지배자가 되었어.

"위대하신 칭기즈 칸의 후손만이 칸이 될 수 있다."

천하의 티무르도 초원에서 이어져 온 이 전통만은 어쩔 수가 없었어.

"칭기즈 칸의 후손이 아니어서 칸이 될 수 없다면 칭기즈 칸의 후손을 부인으로 맞이하자."

끝내 칸이라는 칭호를 얻지는 못했지만, 티무르는 아시아 서쪽에 대제국을 건설했어. 제국 곳곳에는 이슬람 사원을 짓고 도시를 건설했지. 몽골 제국을 다시 일으키고 이슬람교를 퍼뜨리겠다는 소년의 꿈은 이렇게 이루어졌어.

출발! 세계 속으로

칭기즈 칸이 파괴하고 티무르가 건설한 도시, 사마르칸트

안녕하세요, 승객님들. 저는 사마르칸트행 기차의 차장입니다. 괜찮으시다면 사마르칸트 여행에 도움이 될 정보를 드릴까 하는데요. 사마르칸트는 2000년이 넘는 역사를 자랑하는 도시랍니다. 우리 우즈베키스탄의 자랑이죠. 2001년에는 유네스코 문화유산에 등재되었답니다.

"칭기즈 칸은 파괴하고, 티무르는 건설했다."

사마르칸트를 이보다 더 명쾌하게 설명하는 말이 또 있을까요? 칭기즈 칸이 직접 군사를 몰고 쳐들어왔을 때, 사마르칸트는 호라즘 제국의 수도였습니다.

"몽골인들이 사마르칸트의 이 완벽한 성벽을 무너뜨리려면 족히 1년은 걸릴 것이다."

레기스탄 광장 옛날엔 모래밭이던 곳에 3개의 이슬람 학교가 둘러싸고 세워지면서 유명해졌답니다. '중앙아시아의 진주'라는 별명답게 세계에서 가장 아름다운 광장으로 꼽히기도 하지요.

시압 바자르 사마르칸트를 방문하고서 시압 바자르를 들르지 않았다면 그건 가장 큰 즐거움 하나를 빼먹은 게 됩니다. 과일과 빵을 맛보며 그 옛날 실크로드 무역의 향기를 꼭 한번 느껴 보세요.

울루그베그 천문대 티무르의 손자인 울루그베그가 1429년에 건설한 천문대지요. 이슬람의 천문 관측술은 중앙아시아를 거쳐 한국에까지 전해졌답니다. 천문대에는 조선 시대 천문 관측 기구의 사진도 전시되어 있어요.

우리 조상들의 굳은 믿음과는 달리, 사마르칸트는 불과 3일 만에 점령당했어요. 슬프게도 성벽은 헐리고 도시는 철저하게 파괴되었지요.

하지만 티무르가 제국을 다시 건설한 뒤 사마르칸트의 운명은 또 한 번 바뀌었지요. 티무르는 사마르칸트를 제국의 수도로 정하고 도시를 일으켜 세웠어요. 성벽을 다시 쌓고, 정원을 만들고, 학교를 건설했답니다. 이슬람 사원을 건설하는 것도 빠뜨리지 않았지요. 실크로드의 중심에 있던 사마르칸트는 다시 한 번 상업의 중심지로 번성했어요.

우리 기차는 잠시 후 사마르칸트에 도착할 테니, 두고 내리는 물건은 없는지 잘 확인하세요. 자, 여기 지도도 잊지 말고요. 승객님들을 위해 가 볼 만한 곳을 지도에 표시해 두었으니 꼭 한번 둘러보세요. 특히 아프라시아브 궁전과 울루그베그 천문대에서는 한국과 관련된 유물을 볼 수 있으니 놓치지 마시기를. 그럼 저는 이만.

아프라시아브 궁전의 벽화 원래는 도시가 있던 곳인데, 칭기즈 칸의 명령으로 철저히 파괴된 곳이지요. 이곳에서 발견된 벽화 중에 깃털 달린 모자를 쓴 사람은 고구려 사람으로 여겨지고 있답니다.

시간이 흐르자 셀주크 튀르크는 크고 작은 나라로 갈라졌어. 셀주크 튀르크를 대신해서 새로운 강자가 나타났는데, 바로 오스만 튀르크야. 오스만 튀르크도 튀르크 민족이 세운 나라야. 오스만 튀르크는 비잔티움 제국을 정복하고 아시아, 유럽, 아프리카를 다스리는 대제국이 되지. 자, 우리도 영화감독처럼 이렇게 한번 외쳐 볼까? 제목 〈돌궐과 셀주크 튀르크에 이은 튀르크 민족의 세 번째 꿈, 오스만 튀르크 제국〉, 신 넘버 3, 레디, 큐!

1299년
오스만 튀르크 건국

1453년
오스만 튀르크가 콘스탄티노플 정복,
비잔티움 제국 멸망

1402년
티무르 제국이 오스만 튀르크 군대 격파

10

세 대륙을 지배한 오스만 튀르크

1541년
오스만 튀르크가 헝가리 정복

1501년
이란 땅에 사파비 왕조 건국

오스만 튀르크, 튀르크 민족의 새로운 중심이 되다

오스만 튀르크를 건국한 오스만1세

십자군 전쟁으로 지쳐 있던 셀주크 튀르크는 1256년에 몽골의 침입으로 멸망해. 튀르크 민족이 작은 나라로 쪼개져 힘겨워 할 때, 오스만이라는 지도자가 나타났어.

"위대한 튀르크의 전사들이여, 알라를 위해 싸워라! 알라를 위해 죽으면 천국에 가리니."

유목 생활로 단련된 튀르크 전사들이 신앙심까지 불태우며 싸우자 패배란 있을 수 없었지. 비잔티움 제국을 몰아붙이는 한편, 바다 건너 발칸반도의 크리스트교 국가들까지 공격했어.

오스만 튀르크가 크리스트교 국가만을 상대로 싸운 건 아니야. 오스만 튀르크는 주변 튀르크 국가들도 하나씩 합쳐 나갔어. 때론 전쟁으로,

오스만 제국의 영토 확장

때론 결혼으로.

"발칸의 크리스트교 소년들을 모집하여 군사로 키운다. 이들을 '예니체리'라 부른다."

이슬람을 믿는 튀르크 국가들과 전투를 벌일 때에는 언제나 예니체리가 앞장섰어. 알라를 위한 성스러운 전쟁에서 이슬람 병사들끼리 싸우게 할 순 없었거든.

이런 오스만 튀르크에게도 위기가 닥쳤어. 세계 최강이던 티무르의 군대와 마주친 거야. 공교롭게도 양쪽 모두 알라를 위해 싸우는 전사들이었지. 처음에 알라는 티무르의 편인 듯했어. 오스만 튀르크의 술탄은 포로로 잡혔고, 제국은 분열되었어.

"오스만 튀르크를 앞세워 크리스트교 국가들을 멸망시키고, 이슬람교를 유럽까지 퍼뜨리겠다."

티무르의 이 결정으로 오스만 튀르크는 멸망만은 피할 수 있었지. 그러나 3년 뒤, 티무르가 갑자기 세상을 떠났어. 알라의 마지막 선택은 티무르가 아닌 오스만 튀르크였던 모양이야.

앙카라 전투 앙카라 전투에서 티무르가 오스만 튀르크의 술탄에게 항복을 권하는 편지를 보내는 장면이야.

오스만 튀르크가 비잔티움 제국을 멸망시키다

티무르 제국이 물러갔을 때, 서쪽의 비잔티움 제국은 '제국'이라 불리기에 민망할 정도로 약해져 있었어. 앞날이 없어 보이는 비잔티움 제국을 위해 주변 크리스트교 국가들이 나섰지. 1448년, 오스만 튀르크의 술탄은 발칸반도에서 유럽 연합 군대와 맞붙었어.

"나 오스만 튀르크 제국의 술탄이 앞장설 것이다. 예니체리들은 나를 따르라!"

승리는 오스만 튀르크의 것이었고, 발칸반도는 오스만 튀르크의 영토가 되었어. 비잔티움 제국은 동서남북이 모두 오스만 튀르크에 둘러싸인, 말 그대로 독 안에 든 쥐 신세가 되었지.

술탄은 외롭게 버티는 비잔티움 제국의 숨통을 조였어.

"비잔티움 제국의 수도인 콘스탄티노플 건너편 해안에 성벽을 쌓고 거대한 대포를 설치하라."

오스만 튀르크는 1453년에 콘스탄티노플마저 함락시켰어. 1600년 역사의 로마 제국인 비잔티움 제국(동로마 제국)이 사라져 가던 순간에도, 비잔티움

오스만 튀르크의 발칸 정복
오스만 튀르크는 발칸반도의 코소보 전투에서 유럽 연합국을 물리치고 발칸반도를 완전히 장악했어. 옛날 동로마 제국 시대의 거대한 영토는 온데간데없이 비잔티움은 도시 국가 수준으로 초라해진 상태였어.

을 도와줄 더 이상의 십자군은 없었어. 단지 4척의 배가 도우러 왔을 뿐이었지.

콘스탄티노플을 함락한 술탄은 도시 이름을 '이스탄불'로 바꾸고 오스만 튀르크 제국의 수도로 선포했어.

"오스만 튀르크가 로마 제국을 계승했음을 선포하노라."

이 선언은 말에 그치지 않았어. 술탄은 콘스탄티노플을 약탈하는 것을 금했고, 크리스트교를 인정해 주었어. 동로마 교회의 대주교도 술탄이 직접 임명해 주었지.

옛 그리스와 로마의 찬란한 학문은 오스만 튀르크 제국의 학자들이 이어갔어.

술탄 메흐메드 2세 술탄 메흐메드 2세는 비잔티움 제국을 멸망시키고 오스만 튀르크의 영토를 크게 넓혀서 '정복자'라고 불려. 그림은 술탄 메흐메드 2세가 콘스탄티노플을 점령한 직후 동로마 교회의 대주교를 임명하는 모습이야.

이란 땅의 사파비 왕조, 오스만 튀르크와 경쟁하다

651년에 사산 페르시아가 멸망한 이후, 이란 사람들은 오랫동안 자신들의 나라를 갖지 못했어. 아랍과 몽골, 그리고 티무르 제국의 지배를 받았지.

오스만 튀르크 제국이 콘스탄티노플을 점령한 지 약 50년 후인 1501년, 이란고원에 사파비 왕조가 들어섰어.

"알라의 뜻에 따라 이곳 페르시아 땅에 시아파의 나라를 세우노라."

이슬람교를 믿는다는 것은 같았지만 오스만 튀르크는 수니파 이슬람교였고, 사파비 왕조는 시아파 이슬람교였어. 결코 친할 수 없는 운명이었지.

이스마일 1세 사파비 왕조를 연 이스마일은 스스로 예언자 무함마드의 후손이라고 주장하며, 시아파 이슬람교를 사파비 왕조의 국교로 선포했어.

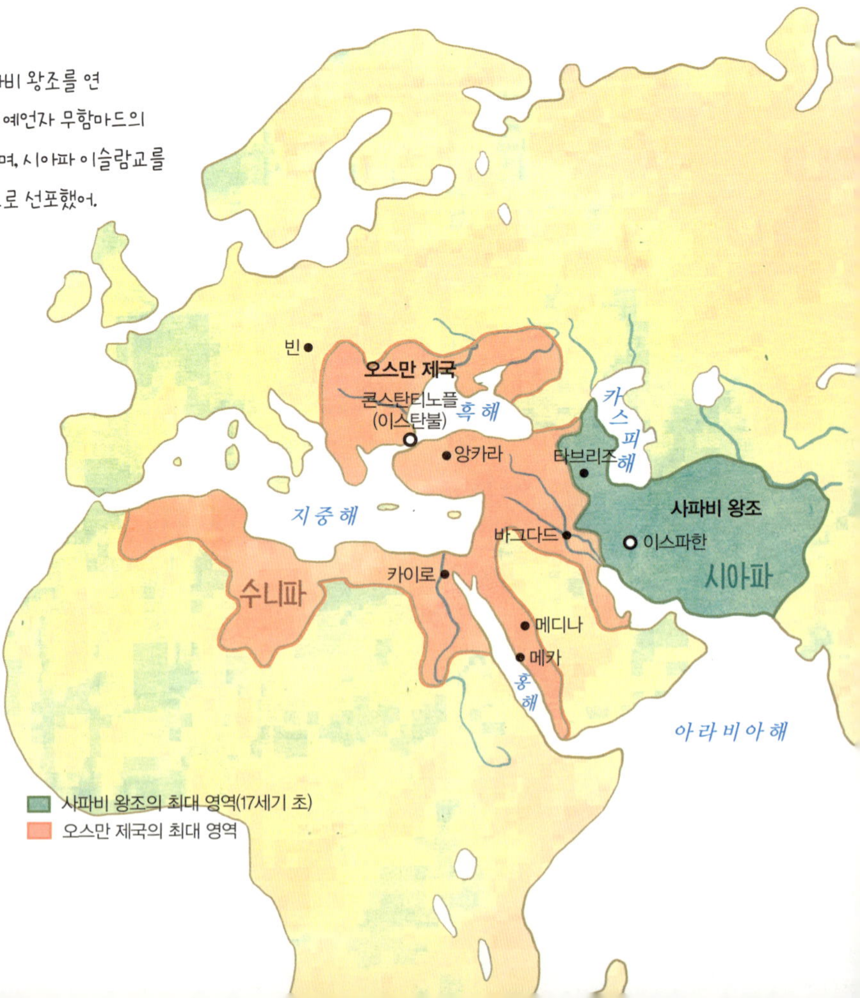

알라를 섬긴다는 것을 제외하면, 사파비 왕조는 서쪽의 이슬람 국가와는 많이 달랐어. 사파비 왕조의 백성들은 아랍인도 아니었고, 튀르크인도 아니었어. 이들은 페르시아인의 피를 물려받은 이란 사람들이었지.

사파비 왕조 시대의 옷과 신발을 파는 가게

다른 이슬람 국가들이 왕을 '술탄'이라고 부르는 데 반해, 사파비 왕조에서는 왕을 '샤'라고 불렀어. 샤는 옛 페르시아에서 왕을 가리키던 말이었거든.

옛 페르시아가 그랬듯이, 사파비 왕조도 실크로드 무역 덕에 성장했어. 사파비 왕조에게 유럽 국가들은 좋은 친구였어. 동양에서 가져온 물건을 사 주는 손님인 동시에 오스만 튀르크 제국을 견제하는 동맹국이기도 했으니까. 사파비 왕조는 오스만 튀르크에 맞서 이슬람 세계의 주도권을 놓고 200년 넘게 불편한 관계를 이어 가게 되지.

이스파한의 샤 모스크와 이맘 광장 이스파한은 사파비 왕조의 수도였어. 세상의 절반이라 불릴 만큼 아름다운 도시야.

오스만 튀르크, 세 대륙을 지배하는 제국으로 성장하다

비잔티움 제국을 멸망시킨 뒤, 오스만 튀르크 제국은 1517년에 이집트를 정복했어. 이집트에는 옛날 몽골에게 쫓겨 바그다드에서 도망 온 칼리프가 대를 이어 내려오고 있었어. 칼리프는 오스만 튀르크 제국의 술탄에게 말했지.

"그대 오스만 튀르크의 술탄에게 칼리프의 자리를 넘깁니다."

종교는 칼리프가, 정치는 술탄이 맡아 오던 시대가 끝난 거야. 이때부터 오스만 튀르크의 왕을 '술탄칼리프'라고 부르게 되지.

정치와 종교를 한 손에 쥔 술탄칼리프는 아시아, 아프리카, 유럽, 세 대륙을 호령하는 지배자가 되었어.

오스만 튀르크 제국의 영광은 여기서 끝이 아니었어. 1529년에는 오스트리아의 수도를 포위하고 평화 조약을 맺었어.

"강한 군대만으로는 강한 나라가 될 수 없다. 법에 따라 다스리고, 능력에 따라 인재를 뽑으리라."

술탄칼리프는 능력 있는 관리를 뽑고, 관리들은 법에 따라 나라를 운영하면서 오스만 튀르크 제국은 전성기를 맞이하게 돼. 로마 제국 시절에는 지중해가 로마의 호수였지만, 이제 지중해와 흑해는 오스만 튀르크 제국의 호수가 된 거야.

빈 포위 오스트리아의 왕은 오스만 튀르크의 술탄을 아버지로 대하겠다는 조건으로 평화 협정을 맺었어.

술레이마니예 모스크
술레이만의 명령으로 지은 모스크야. 술레이만은 오스만 튀르크 제국의 전성기를 이룩한 술탄이야.

출발! 세계 속으로

이븐 바투타 아저씨와 떠나는 바그다드 시간 여행

이븐 바투타

이븐 바투타(1304~1368)는 30여 년간 이슬람 세계와 유럽, 동남아시아와 중국 그리고, 아프리카를 여행했어.

안녕! 내 이름은 이븐 바투타, 과거에서 온 여행자란다. 오늘 너와 함께 특별한 여행을 하려고 해. 마법 융단을 타고 내가 살던 1300년대로 돌아가서 이슬람 최고의 도시 중 하나인 바그다드를 여행하는 거야. 어때, 신나지 않니? 마음의 준비가 되었다면, 자 출발!

'바그다드'는 '평화의 집'이라는 뜻이야. 이슬람교 최고 지도자인 칼리프와 위대한 학자들이 살던 도시였지. 궁전과 저택들은 금으로 장식되어 있었고, 램프로 불을 밝힌 밤에는 사람들이 강에서 뱃놀이를 하곤 했어. 도시에는 수많은 모스크와 대학, 그리고 정신병원까지 있었지. 하지만 몽골 침략 때 대부분 파괴되었어. 칼리프도 살해당했는데, 새 칼리프는 지금 이집트에 있어.

몽골 침략 전 바그다드를 묘사한 그림

바그다드를 감싸고 흐르는 티그리스강 위로 2개의 배다리가 놓여 있었어.

바그다드 목욕탕 바그다드에는 목욕탕이 1만 개가 넘었다고 해.

샤흐리야르 왕과 샤흐라자드 왕비 《아라비안나이트》의 무대가 되는 곳이 이곳 바그다드야.

이곳 바그다드엔 목욕탕이 정말 많아. 화려하기까지 하지. 목욕탕에는 개인용 목욕방이 있는데 욕조는 대리석으로 되어 있어. 뜨거운 물과 차가운 물이 따로 나오는 건 기본이지. 욕탕에 들어가면 수건을 3장 줄 거야. 하나는 들어갈 때, 또 하나는 나올 때 몸을 가리면 돼. 남은 한 장은 몸을 닦는 데 쓰면 되고. 우리 같은 여행자에게 이보다 좋을 순 없는 곳이지.

바그다드는 미래에 이라크의 수도가 된다고 하더구나. 언제 기회가 되면 네가 사는 시대의 바그다드를 소개해 주지 않겠니?

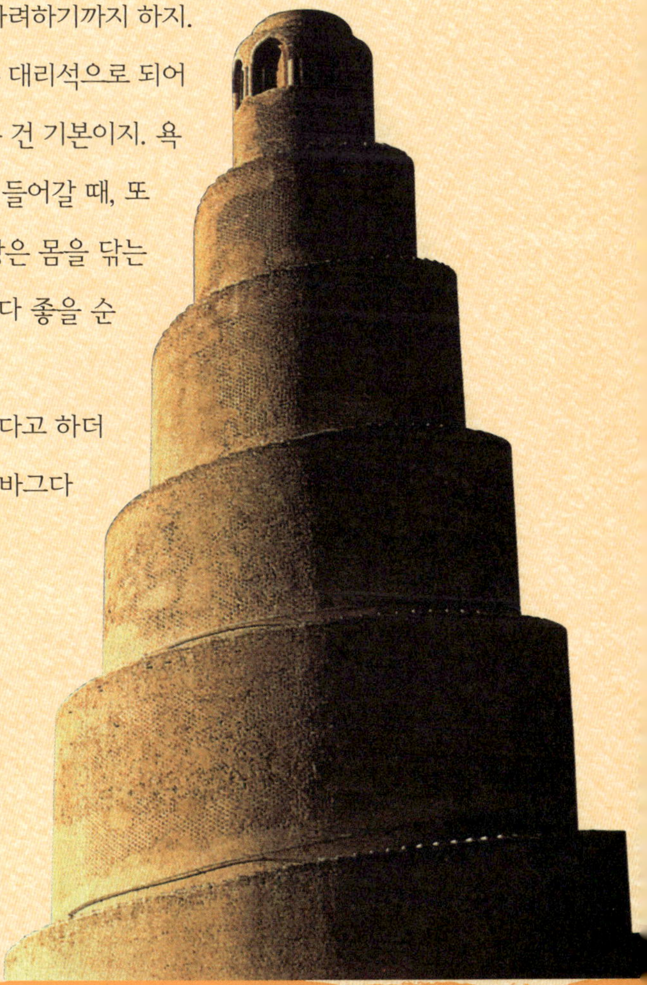

바그다드의 사마라 모스크
한때 세계에서 가장 큰 모스크였지.

어린이들의 세계사

크리스트교 출신 소년으로 이루어진 부대, 예니체리

오스만 튀르크 제국의 최강 군인들이 크리스트교 출신이라면 믿겠니? 믿기 힘들겠지만 사실이야. 발칸반도를 점령한 오스만 튀르크는 그곳의 크리스트교인들에게 종교의 자유를 주는 대신 세금을 걷었어. 세금 외에 강제로 걷은 것이 하나 더 있었는데, 크리스트교를 믿는 집의 소년들이었지.

40집에 1명꼴로 건강하고 총명한 소년들을 뽑아 붉은 옷과 붉은 고깔모자를 씌운 뒤 이스탄불로 데려갔어. 이스탄불에 도착하면 강제로 이슬람교를 믿게 한 후 엄격하게 교육하고 체력 단련도 시켰어. 이 가운데 똑똑하고 잘생긴 아이들은 궁전에서 일하는 관리로 뽑았고, 나머지는 '예니체리'가 되게 했지.

예니체리의 규칙은 매우 엄했어. 결혼도 금지했고, 수염도 기를 수 없었대. 수염은 자유인만 기를 수 있었거든.

예니체리 병사들 시간이 지나면서 크리스트교 아이들을 데려올 필요가 없어졌어. 예니체리는 자유 신분이 되어 결혼을 할 수 있게 되었고, 아들에게 예니체리 신분은 물려주었거든.

나라면 이런 노예 같은 생활이 싫었을 텐데, 놀랍게도 예니체리들은 자부심이 넘쳤대. 술탄을 가장 가까이에서 지키는 데다, 능력에 따라 높은 자리까지 오를 수 있었기 때문이지.

오스만 튀르크 제국이 비잔티움 제국의 수도인 콘스탄티노플을 함락할 때도, 헝가리를 점령하고 오스트리아 수도를 포위할 때도 맨 앞에서 가장 용맹하게 싸운 이들이 예니체리였어.

그러고 보면 튀르크 민족도 한때는 아랍인에 의해 군인으로 뽑혔었지. 그랬던 튀르크 사람들이 발칸반도의 크리스트교 소년들을 군인으로 이용했으니, 역사란 참 묘하지?

공격하는 예니체리 로도스섬의 크리스트교 요새를 공격하는 데 앞장서는 예니체리들의 모습이야.

어른들에게 아프리카 역사를 얘기해 달라고 하면 유럽 사람들 얘기만 하는 경우가 많아. 유럽 사람이 아프리카를 탐험하고, 유럽 사람이 아프리카에 식민지를 건설했다는 이야기들 말이야. 과연 아프리카 사람들에겐 자신의 역사가 없었던 걸까? 아프리카는 나라 이름이 아니야. 중국과 인도를 합친 것보다 더 넓은 대륙의 이름이지. 어떤 사람들은 아프리카 사람들을 원시인처럼 생각해. 피부가 검은 아프리카 사람들을 얕잡아 보기도 하지. 하지만 아프리카의 역사를 제대로 안다면 절대 그럴 수 없을 거야. 자, 마음을 열고 아프리카에 대해 제대로 공부해 볼까?

기원전 800년경
반투족이 아프리카에 퍼져 나감

325년
악숨 왕국이 크리스트교를 공식 종교로 선포

400년경
가나 왕국 출현

1200년경
말리 왕국의 발전

11

사하라 남쪽, 아프리카의 역사

1546년
송가이가 말리를 멸망시킴

1200~1300년경
그레이트 짐바브웨 출현

1445년
포르투갈 사람들이
서아프리카 황금 해안에
요새를 건설

인간이 생긴 이래 아프리카에는 늘 사람이 있었다

천국은 아니었어. 그렇다고 식인종이 우글거리는 야만의 땅은 더더욱 아니었지. 사람이 살기에 충분히 따뜻하고 식량도 많았어. 아프리카 말이야.

인간의 조상이 아프리카에서 처음 나타난 이후, 아프리카에는 늘 사람이 있었어. 이집트에서 문명이 탄생하기 전, 사하라 북쪽의 아프리카는 사람이 살기에 적당한 초원이었어. 수많은 짐승이 뛰어다녔고 사냥에 나선 사람들도 함께 뛰어다녔지.

약 4500년 전, 불길한 조짐이 나타나기 시작했어. 비가 오지 않는 날이 많아진 거야. 사람들은 물을 찾아 나일강으로 모여들었고, 일부는 더 남쪽으로 내려갔어. 사하라를 기준으로 아프리카는 남북으로 나뉘었어.

약 3300년 전, 히타이트가 철로 만든 무기로 이집트와 전쟁을 치른 뒤로 사하라 북부에는 철을 만드는 기술이 퍼져 나갔어. 이는 당시 최고의 과학 기술이었지.

타실리 나제르(알제리) 암석화 사하라에서 발견된 그림들은 약 4000년 전만 해도 이곳이 풀과 나무가 무성한 초원이었음을 보여 주지.

노크 예술품 노크 지역은 아프리카의 초기 문명이 탄생한 곳 중 하나야.

사하라 남쪽 서부 아프리카의 노크 마을에서 2500년 전 유물이 발굴되었어. 예술품도 훌륭했지만 철을 만들던 흔적이 발견되어서 많은 사람들이 깜짝 놀랐지. 최첨단 기술인 철 만드는 기술을 이미 이때 가지고 있었으니 함부로 야만인이라 무시하면 안 되겠지?

2800년 전, 사하라 남쪽에서는 반투족이 아프리카 곳곳으로 이동하기 시작했어. 반투는 '사람'이라는 뜻이야. 이들의 이동은 뒷날 아랍이나 유럽 사람이 했던 것과는 달랐어. 가족끼리 또는 그보다 여럿이 무리를 지어 아주 오랜 시간을 두고 이동했어. 누군가를 정복하기 위한 이동이 아니었거든.

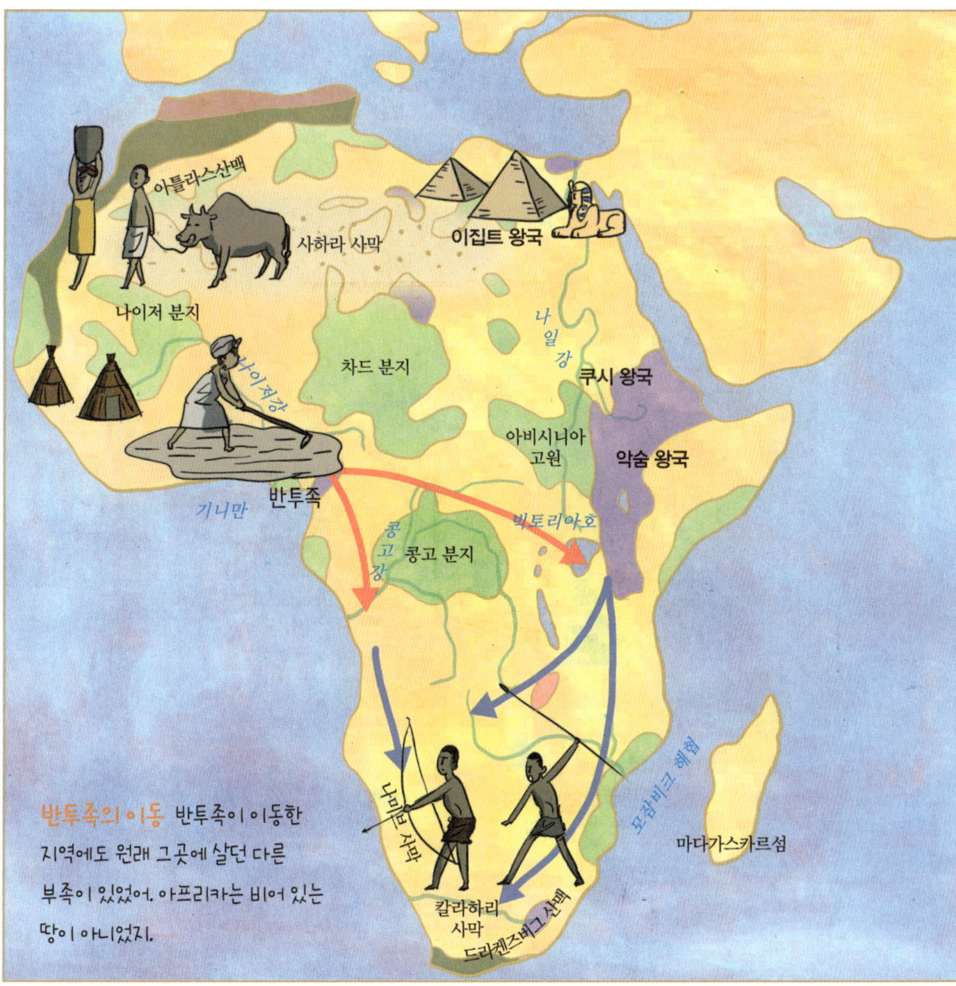

반투족의 이동 반투족이 이동한 지역에도 원래 그곳에 살던 다른 부족이 있었어. 아프리카는 비어 있는 땅이 아니었지.

아프리카에 크리스트교와 이슬람교가 퍼지다

아프리카 사람들이 믿었던 종교는 우리 조상들이 믿었던 종교와 닮았어. 하늘을 우러러보며 신의 존재를 느꼈고, 바위와 물에도 영혼이 있다고 믿었지. 조상은 죽어서도 후손을 돌본다고도 생각했어. 사람들은 무당을 두려워하면서도 존경했어. 신과 얘기한다니 그럴 수밖에 없었지.

313년에 로마가 크리스트교를 받아들이기로 했어. 당시 로마 땅이었던 이집트에도 크리스트교가 퍼졌지. 에티오피아 사람들은 오래전부터 스스로를 솔로몬 왕의 자손이라고 믿었어. 에티오피아 북부에 있던 악숨 왕국은 325년에 크리스트교를 공식 종교로 선포했어. 크리스트교는 아프리카에 퍼져 나가는 듯했지만 거기까지였어.

300년 뒤에 아랍의 전사들은 정복 활동을 통해 세계 곳곳에 이슬람교를 퍼뜨렸어. 아프리카도 예외는 아니었지. 이번에도 이집트가 맨 먼저 이슬람교를 받아들였어. 이슬람교를 받아들인 북아프리카 사람들은 아랍

악숨 왕국의 랄리베라 교회 유적 거대한 바위 하나를 통째로 깎아서 만든 교회래.

북아프리카의 이슬람 전파

전사들과 함께 에스파냐를 점령하는 데 힘을 보탰지.

사하라 북쪽에서는 군대가 이슬람교를 퍼뜨렸다면 사하라 남쪽에서는 상인과 선교사가 이슬람교를 전파했어. 사하라 남쪽의 부족들은 대대로 이어 오던 자신들의 종교와 이슬람교를 적절히 섞어 가며 이슬람교를 받아들였지.

젠네 진흙 모스크 아프리카 말리에 1200년대에 처음 지어진 이슬람 모스크야. 진흙으로 만들었기 때문에 해마다 벽을 다시 수리하는 행사를 연대.

아프리카 곳곳에 여러 나라가 세워지다

아프리카에 이집트 외에는 나라가 없었다고 착각하는 사람이 많아. 하지만 약 400년경, 서아프리카 최초의 원주민 왕국이 생겨났어. 가나였지. 지중해와 아랍에서 온 상인들은 이 나라를 '황금의 나라'라고 불렀대.

소금을 팔러 사하라 사막을 넘어 온 아랍 상인은 이렇게 기록했어.

"가나의 왕은 목과 팔에 장식품을 차고 있고, 머리 위에는 황금 왕관을 쓰고 있었다. 이슬람교를 믿지는 않았지만 우리 이슬람인들을 너그럽게 대해 주었다."

모든 사람이 가나 왕의 너그러움에 감탄만 한 건 아니야. 칭기즈 칸이 열심히 몽골 부족을 통일하고 있을 때, 서아프리카에서는 말리 왕국이 가나 왕국을 무너뜨렸어. 말리는 일찍이 이슬람을 받아들인 왕국이었지. 상인과 학자들이 말리로 몰려들었는데, 꽤 안전했던 모양이야. 말리를 여행한 사람은 이렇게 얘기했어.

"다른 나라에서 온 여행객이라도 말리에서는 강도를 만날 걱정을 할 필요가 없다."

1500년경, 말리는 송가이 왕국에게 망해. 송가이는 가나나 말리보다 더욱 발전한 나라였어. 학교가 200개나 있었고 시장은 아시아와 유럽에서

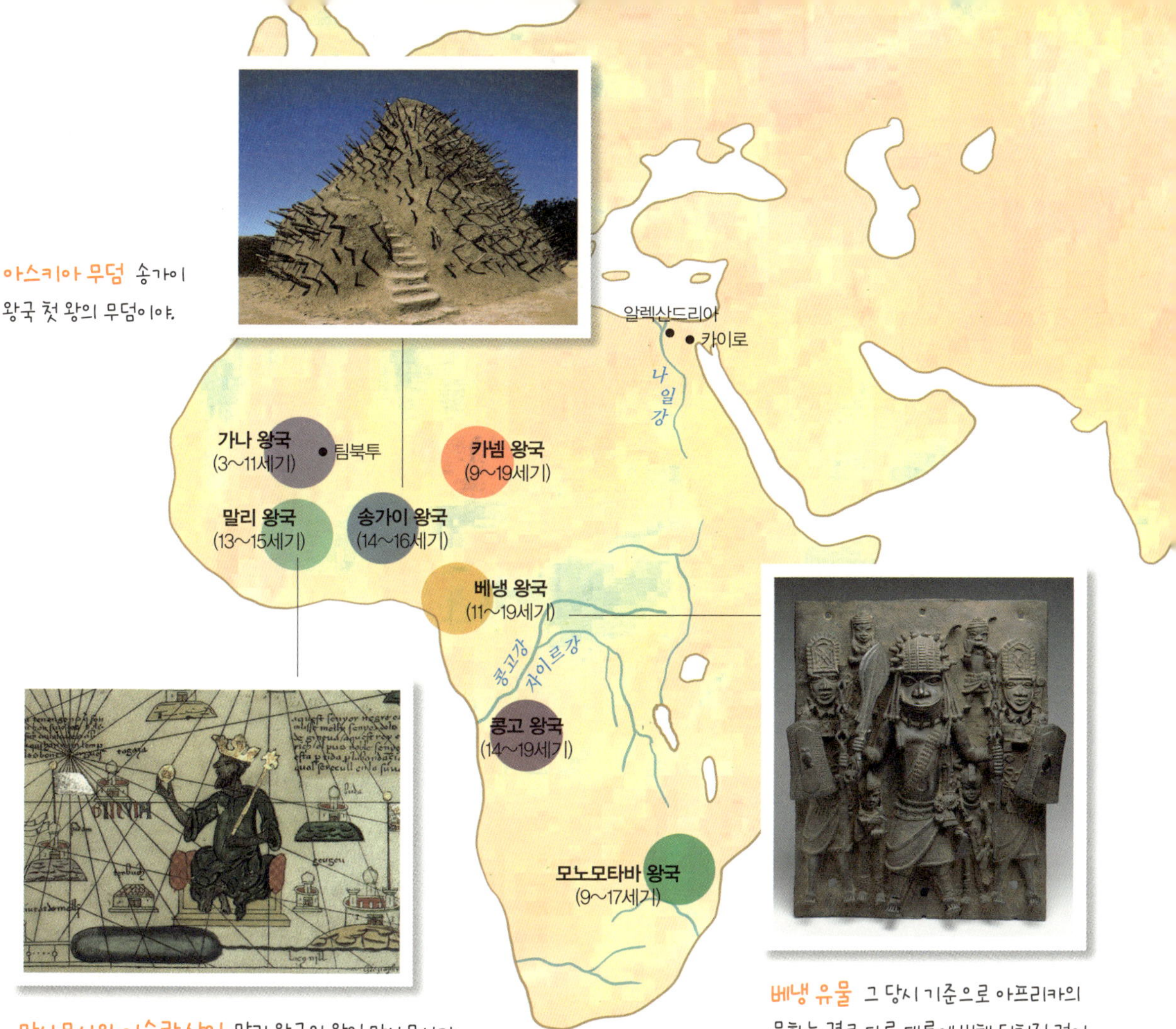

아스키아 무덤 송가이 왕국 첫 왕의 무덤이야.

만사무사와 이슬람 상인 말리 왕국의 왕인 만사무사가 금관을 쓰고 금을 들고 있는 모습에서 알 수 있듯이, 말리는 금과 소금 무역으로 엄청 부유한 나라였어.

베냉 유물 그 당시 기준으로 아프리카의 문화는 결코 다른 대륙에 비해 뒤처진 것이 아니었어.

아프리카 왕국 아프리카에는 수많은 왕국이 나타났다 사라졌어. 유럽과 아시아에서 그랬듯이 말이야.

온 사람들로 발 디딜 틈이 없었대.

부유함은 부러움을 사는 법, 사하라 너머 북아프리카에 있던 이슬람 왕국이 송가이의 황금을 탐냈어. 1600년경, 결국 사하라를 넘어온 이슬람 군대에게 송가이는 힘없이 무너졌어.

아프리카에서 노예 무역이 시작되다

"처음 보는 괴물이 콩고강에 나타났습니다."

1482년, 콩고 왕국의 왕에게 신하가 급히 아뢰었어. 괴물은 유럽의 포르투갈 사람들이 타고 온 배였어. 오스만 튀르크 제국에 막혀 인도와 중국으로 갈 수 없게 되자 다른 길을 찾아 아프리카로 온 거야. 갑작스런 만남이었지만 처음에는 평화롭게 지냈어.

포르투갈 사람들이 원한 건 금이었어. 하지만 콩고 왕국엔 금이 별로 없었지.

"상아와 노예를 줄 테니 당신들이 가져온 옷감과 총을 주시오."

아프리카 사람들은 자기가 데리고 있던 노예를 돈 대신 지불하고 총을 샀어. 이 총으로 더 많은 노예를 잡아서 팔았고, 그 대가로 더 많은 총과 옷감을 받았지.

아프리카 노예 무역 유럽 사람들이 직접 노예 사냥을 한 건 아냐. 유럽 사람들은 병에 걸릴까 두려워서 육지 깊숙이 들어가려 하지 않았거든.

사실 유럽 사람들은 아프리카에 별 관심이 없었어. 금이나 후추처럼 값나가는 것이 별로 없었거든. 그래서 돈벌이가 되는 아시아로 가기 위해 뱃길을 찾는 데 열중했어. 뜻밖에도 변화는 멀리 아메리카 대륙에서 시작되었어. 유럽 사람을 따라온 병균 때문에 아메리카 원주민들이 너무 많이 죽게 된 거야.

"사탕수수를 심을 땅은 저렇게 널렸는데 일할 사람이 없다니."

"그래, 아프리카 노예들이 있었지!"

유럽 사람들은 곧 해답을 찾았어. 앞다투어 아프리카 해안에 요새를 짓고 노예를 사들였지. 대포는 육지가 아닌 바다를 향했어. 아프리카 사람과 싸우기 위해 요새를 쌓은 게 아니었거든. 다른 유럽 사람들에게 이 좋은 장사를 뺏기지 않으려고 쌓은 거였지.

너무 많은 노예가 팔려 가자 콩고의 왕은 노예 무역을 금지시켜 달라고 유럽에 요청했지만, 유럽 사람들이 들어줄 리 없었어.

케이프 코스트 성 바다를 향해 대포가 설치된 노예 무역 요새야.
아프리카는 문화와 농사 기술 모두 뛰어났지만, 노예 무역은 이 모든 것을 흔들어 놓았어.

출발! 세계 속으로

돌로 만든 도시, 그레이트 짐바브웨

삼촌이 옛날 얘기 하나 들려줄게. 늑대가 짚으로 만든 집 앞에서 소리쳤어. "문을 열어 주지 않으면 집을 날려 버리겠다. 후!"

뭐? 다 아는 얘기라고? 그럼, 질문 하나만 할까? '아프리카' 하면 어떤 집이 생각나니? 혹시 첫째 돼지가 만든 엉성한 집이 생각나지는 않니? 그런 착각을 뻥 하고 날려 줄 굉장한 유적이 있어. 자, 그 유적이 있는 도시로 떠나 볼까?

그레이트 짐바브웨는 남아프리카에 있는 돌로 만든 도시야. 1100년에서 1450년 사이에 반투 사람들로 이루어진 쇼나 부족이 만들었대. 한때는 1만 명이 넘는 사람들이 살았다고 해. 장사를 하던 도시였으니까 이곳저곳에서 온 상인들까지 합치면

그레이트 짐바브웨 전경

중앙 언덕 유적 도시 중앙에 있는 별도의 건축물은 왕이 머물던 곳으로 추측해.

그보다 훨씬 많은 사람들로 붐볐겠지? 발굴 결과 중국 도자기와 페르시아의 유리구슬, 그리고 아랍의 금화가 발견되었어. 여러 나라의 귀중품이 모이는 세계적인 무역 도시가 아프리카에도 있었던 거야.

그레이트 짐바브웨는 세 구역으로 나누어져 있어. 언덕 유적, 담장 지역, 그리고 골짜기 유적이지. 화강암으로 차곡차곡 쌓은 높고 좁은 담장을 따라가면 고깔 모양의 탑이 나오고, 사람들이 살았던 집이 나와. 벽과 담을 보면 얼마나 훌륭한 건축 기술로 지었는지를 느낄 수 있을 거야.

그런데 1450년쯤에 이 훌륭한 도시는 갑자기 버려졌어. 물론, 늑대가 찾아와서 그런 건 아니야. 주위의 숲이 사라져서 식량을 더 이상 구할 수 없었기 때문에 사람들이 살 수 없었을 거라는구나.

줄루족의 전설, 하늘에서 내려온 청년

남아프리카의 줄루족에게는 어떻게 인간이 아프리카에 살게 되었는지에 대한 전설이 전해 내려와. 우리나라의 단군 신화랑 비슷한 점도 있으니 잘 들어 봐.

신이 하늘나라에 엄청 큰 외양간을 짓고 셀 수 없을 만큼 많은 소를 키우고 있었어. 그런데 신하가 급히 달려와 아뢰었어.

"신이시여, 젊은 녀석 하나가 신께서 특별히 아끼시는 흰 소에 올라타서 놀고 있습니다."

한두 번도 아니고, 신은 더 이상 참을 수가 없었어. 결국 청년의 배에 탯줄을 묶어서 땅으로 내려보냈지. 청년은 허리에 묶인 탯줄을 갈댓잎으로 끊어 버리고 자유롭게 돌아다녔어.

어느 날, 신은 청년이 어떻게 지내는지 궁금해졌어. 그래서 하늘나라의 구멍으로 땅을 내려다봤는데, 청년이 바나나 나무 그늘 아래에서 누워 자고 있는 거야.

"왜 저리 기운이 없어 보이지? 먹을 것이 없나? 아, 그렇군. 저 녀석은 외로운 거야!"

신은 청년에게 짝을 지어 주기로 했어. 하늘나라에서 가장 예쁜 처녀를 뽑았지.

"너는 땅으로 내려가 저 젊은이와 행복하게 살거라. 저 젊은이는 내 아들이니라."

신은 처녀의 배에 탯줄을 묶어서 땅으로 내려보냈어.

잠에서 깬 청년은 처녀를 보자 기뻤어. 청년이 갈댓잎으로 처녀 배에 묶인 탯줄을 끊었어. 흐뭇하게 지켜보던 신은 탯줄을 하늘 위로 거둬들였어. 더 이상 아무도 땅과 하늘 사이를 오갈 수 없게 되었지. 청년과 처녀는 자식을 낳았고, 그 후손들이 아프리카의 줄루족이 되었대.

줄루족 방패를 들고 전통 의상을 입은 줄루족 청년들

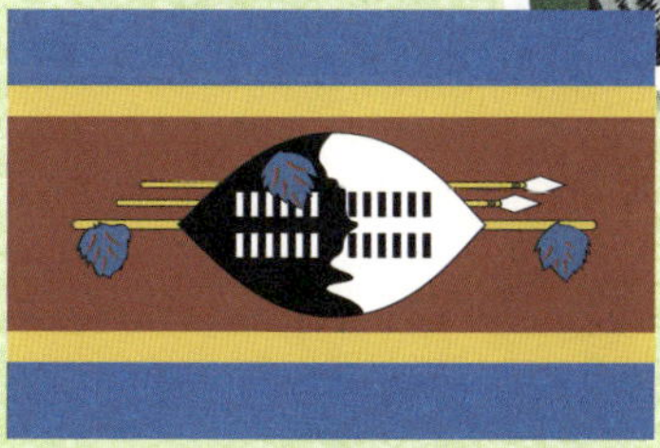

스와질란드 국기 스와질란드 국기에는 줄루족을 상징하는 방패 모양이 그려져 있어.

신대륙 발견과 산업 혁명 이후, 영국과 프랑스를 중심으로 한 유럽 국가들이 아프리카에 식민지를 확대하기 위해 뛰어들었어. 아프리카 대륙에는 유럽 국가들이 그은 국경이 생겼고, 아프리카의 자원은 유럽으로 실려 나갔어. 예전엔 팔려 간 사람만 노예였지만, 이제는 아프리카 사람 모두가 노예와 같은 신세가 되어 버렸지.

1510년
아프리카 흑인 노예가 처음으로 아메리카에 도착

1571년
포르투갈이 앙골라에 식민지 건설

1652년
네덜란드인이 희망봉에 정착

1818년
샤카가 줄루 왕국을 건설

1879년
줄루 전쟁

12

아프리카에 드리우는 제국주의의 그림자

1880년
1차 보어 전쟁

1896년
에티오피아의 황제 메넬리크 2세가
이탈리아를 물리침

1898년
파쇼다 사건

1899년
2차 보어 전쟁 시작

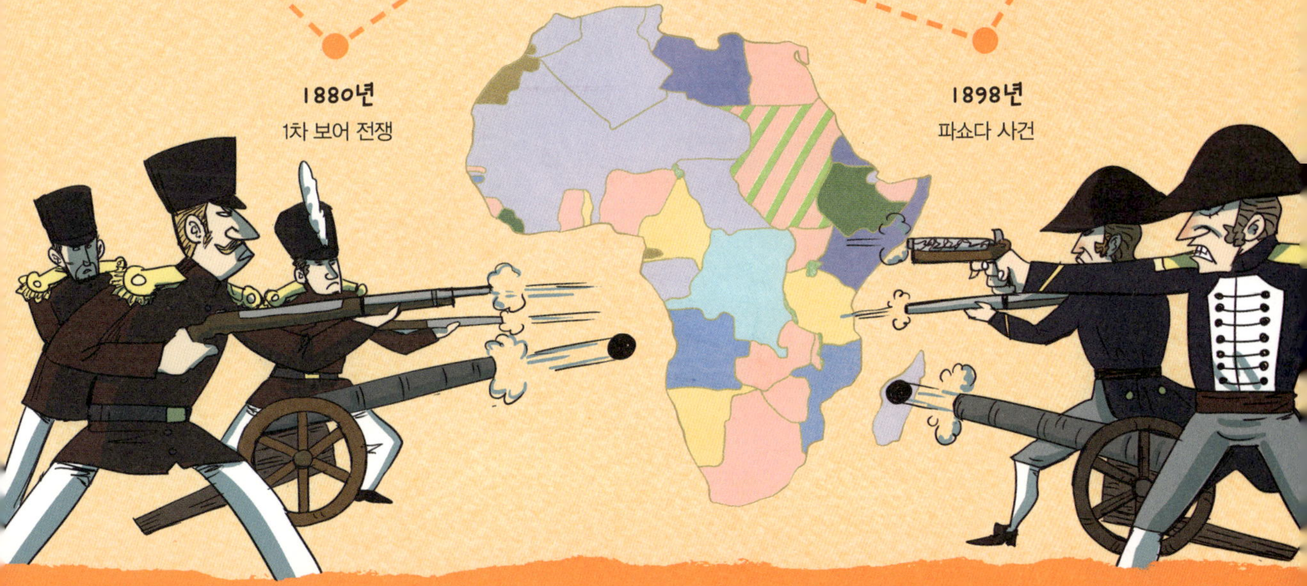

아프리카 노예, 필요할 땐 쓰고 필요 없어지면 버려라

아메리카에 대규모 사탕수수 농장이 만들어지자, 점점 더 많은 아프리카 노예가 대서양을 건너 팔려 갔어. 아메리카에서 만들어진 설탕은 유럽으로 팔렸고, 유럽에서 만들어진 옷감과 총은 아프리카로 팔렸어. 그러면 아프리카는 노예들을 또 아메리카로 보냈지. 자신들이 수확한 사탕수수가 돌고 돌아 더 많은 노예를 끌고 온다는 건 모른 채, 흑인 노예들은 그저 죽도록 일해야만 했어.

그런데 공장 기계가 늘어나자 노예가 점점 필요 없어졌어.

"농장에 묶여 있는 노예보다 자유로운 노동자가 필요해. 그래야 공업을 발전시킬 수 있지."

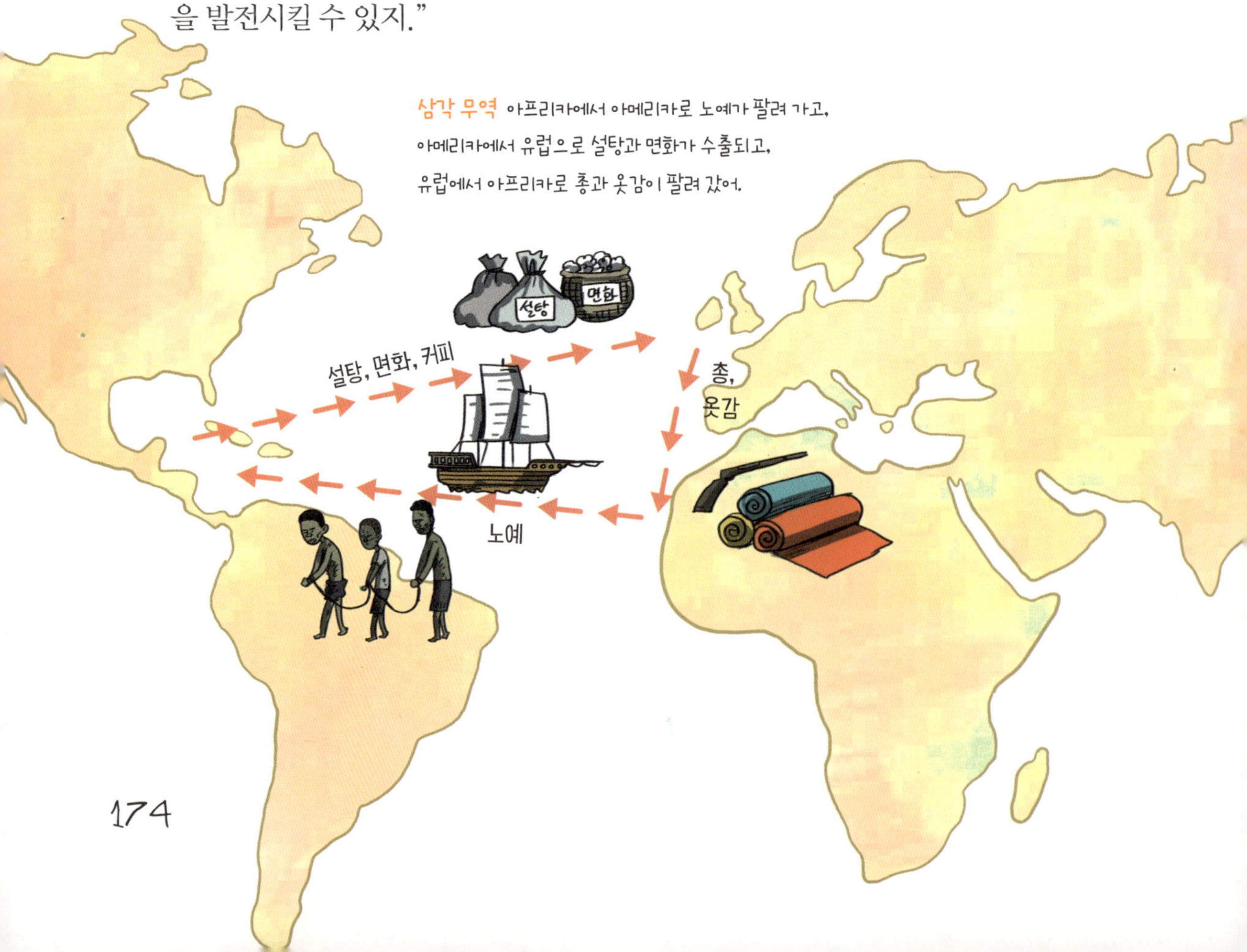

라이베리아 국기 1847년 미국 해방 노예들이 세운 라이베리아는 국기도 미국 성조기를 따라 만들었어. 수도 이름도 당시 미국 대통령이던 몬로의 이름을 따서 몬로비아라고 했어.

영국과 캐나다는 노예를 해방시킨 후 아프리카로 돌려보냈어. 곧이어 미국에서도 노예를 해방시켜 아프리카로 돌려보내자는 운동이 일어났지. 나라 이름도 지어 주었어. 라이베리아, '자유의 나라'라는 뜻이야.

자유를 준 것이 뿌듯했는지, 노예 제도로 이익을 본 백인 대부분은 과거에 대해 사과하지 않았어. 그런데 돌아온 해방 노예와 그곳에 원래부터 살고 있던 원주민은 모두 행복했을까?

"우리를 너희와 똑같은 흑인으로 착각하지 마. 우린 문명사회에서 살다 온 사람들이고, 피부도 너희보다 덜 새까매. 아주 새까만 너희하고는 격이 달라."

노예였던 과거의 고통은 잊은 채 해방 노예들은 원주민들을 노예 부리듯 했지. 원주민들의 불만도 컸어.

"백인과 같이 살다 온 저놈들은 백인과 다를 게 없는데, 왜 우리 땅과 식량을 나눠야 하지?"

탐험과 선교가 유럽의 탐욕에 불을 붙이다

노예 무역이 성행하던 시기에 유럽 사람들은 아프리카 깊숙이 들어오려 하지 않았어. 질병이 들끓는 정글 속은 생각만 해도 끔찍했거든. 유럽에서 치료약이 개발될 즈음, 아프리카를 탐험하는 사람들이 생겼어. 호기심, 신앙심, 영웅이 되고 싶은 욕심 등등 개인적 이유는 다양했지만, 국가적인 이유는 하나였어.

"원료는 싸게 사고, 우리가 만든 물건은 비싸게 팔려면 아프리카에 식민지가 필요해."

유럽 국가들은 앞다투어 탐험대를 후원했어. 후원대 뒤에는 선교사가 따랐지.

아프리카 원주민들은 탐험 중인 백인을 죽이는 경우가 많았어. 그들을 노예 사냥꾼이라고 생각했거든. 백인을 식인종이라고도 생각했어. 원주민과 유럽 탐험대 모두 상대가 식인종일지 모른다는 공포감을 가지고 있었지. 하지만 정작 식인종은 양쪽 어디에도 없었어.

피에르 브라자 콩고강 북쪽을 탐험한 프랑스 탐험가야.

헨리 스탠리 영국 사람이지만 벨기에의 후원으로 콩고강 남쪽을 탐험했어.

리빙스턴(1813~1873) 리빙스턴은 유럽인 최초로 아프리카를 탐험한 영국인 선교사야.

메리 킹즐리 학자였는데도 메리 킹즐리는 죽을 때까지 백인과 흑인이 아예 뿌리가 다른 인종이라고 믿었어.

어려움이 있었지만 탐험가들은 아프리카 지도를 완성해 갔고, 탐험가들이 걸어간 길은 식민지의 경계선이 되기도 했어.

"피에르 브라자가 탐험한 콩고강 북쪽은 그를 후원한 우리 프랑스가 갖고, 헨리 스탠리가 탐험한 남쪽은 그를 후원한 당신네 벨기에가 가지시오."

아프리카를 찾은 건 탐험가와 선교사뿐만이 아니었어. 학자들도 하나 둘 아프리카를 찾아왔어.

"최초의 인간인 아담과 하와는 분명 백인이야. 흑인 따위가 우리 백인과 같은 인종일 리 없어."

인간의 뿌리를 찾고 인간의 진화를 밝히겠다는 학자들마저도 흑인에 대한 편견을 가지고 원주민을 바라봤어.

유럽의 욕심이 아프리카에서 싸우다

아프리카를 돌아 인도로 가는 뱃길은 험난했어. 수많은 유럽 사람이 죽었지.

"이럴 것이 아니라 중간 지점에 식민지를 건설하자. 그러면 위험을 반으로 줄일 수 있을 거야."

네덜란드 사람들은 남아프리카 희망봉에 최초로 식민지를 건설했어. 이들의 후손을 보어인이라고 불러.

"뭐? 나폴레옹이 네덜란드를 점령했다고? 네덜란드가 세운 아프리카 식민지마저 나폴레옹이 차지하게 둘 순 없어!"

인도로 가는 뱃길을 지키기 위해 영국은 네덜란드인들이 건설한 아프리카 식민지를 점령했어. 영국에게 밀려난 보어인들은 아프리카 원주민이 사는 곳으로 몰려가 나라를 세웠어. 나중에 그곳에서 금과 다이아몬드가 발견되자, 영국은 이 땅마저 차지하려고 전쟁을 벌였지.

다른 유럽 국가들도 식민지를 차지하기 위해 앞다투어 뛰어들었어. 이미 식민지를 많이

보어 전쟁에 참여한 보어인 병사 네덜란드인의 후손인 보어인과 영국 사이에 벌어진 전쟁이야. 아프리카 원주민의 땅에서 백인들끼리 벌인 전쟁이었지.

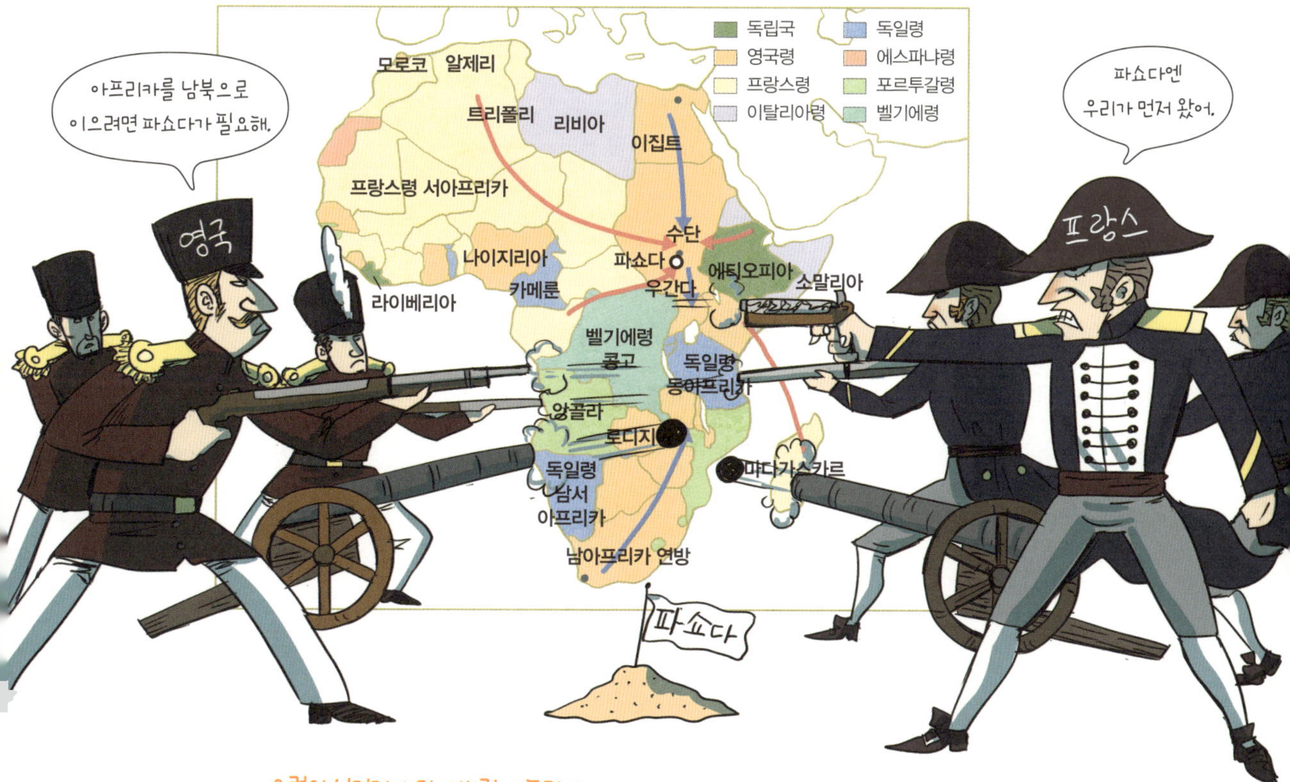

유럽의 식민지가 되어 버린 아프리카

가진 나라는 더 이상 뺏기지 않으려 했고, 뒤늦게 뛰어든 나라는 조금이라도 더 뺏으려 했지. 식민지를 놓고 갈등이 심해지자 유럽 국가들끼리 모여서 회의를 했어.

"정말 자기 식민지가 맞는지는 얼마나 확실하게 지배하고 있는가로 판단합시다."

식민지를 더욱 확실히 지배하기 위해 영국과 프랑스는 흩어져 있는 식민지를 연결하는 작업에 들어갔어. 영국은 남북으로, 프랑스는 동서로 식민지를 연결하다 보니 중간 지점인 파쇼다에서 두 나라 군대가 부딪혔고 거의 전쟁 직전까지 갔어. 이후에도 유럽 국가들은 아프리카를 차지하기 위해 한 치의 양보도 없는 싸움을 펼치게 돼.

아프리카가 유럽의 침략에 맞서 싸우다

저 멀리 수풀을 헤치고 줄루족 몇 명이 소 떼를 몰고 도망치는 모습이 보였어. 붉은 군복을 차려입은 800여 명의 백인 병사와 모자를 눌러쓴 400여 명의 흑인 병사로 구성된 영국 부대는 질서 정연하게 그들을 뒤쫓았어. 이제 총알의 사정권 안에 들었다고 생각하는 순간, 수풀 사이에서 수천 명의 줄루족 전사들이 나타났어. 한나절의 처참한 전투를 치른 뒤 영국군은 전멸했어.

"패배를 모르던 우리 영국 군대가 어떻게 저 따위 아프리카 야만인들에게 질 수 있단 말이냐?"

1879년, 영국은 충격과 모멸감에 휩싸였어. 하지만 영국군을 무찌른 원주민은 야만인이 아니었어. 그들은 남아프리카 일대를 통일한 줄루 왕국의 전사들이었지.

유럽 국가에 저항한 것은 줄루 왕국뿐만이 아니었어.

이산들와나 전투 줄루 왕국 정벌에 나섰던 영국군은 줄루 전사들에게 거의 전멸하는 패배를 맛보았어. 야만인이라 얕잡아 본 것이 패배의 원인이었지.

서아프리카에서는 프랑스에 맞서 16년간 전쟁을 벌였고, 에티오피아는 이탈리아 군대를 물리치고 독립을 지켰어. 주술사를 중심으로 저항 운동이 벌어진 곳도 있었어.

무력으로만 싸운 건 아니야. 항의 문서를 보내는 등 외교적인 노력도 기울였지.

"우리가 당신에게 복종하라고 하지 않듯이, 유럽 당신들도 우리에게 복종하라 명령하지 마시오. 당신과 마찬가지로 우리 또한 자유인이기 때문이오."

하지만 유럽 군대는 너무나 강했어. 1차 세계 대전이 시작될 무렵, 아프리카에는 딱 2개의 독립국만 남았어. 에티오피아와 라이베리아였지.

콩고의 어린 왕자 콩고의 이 어린 왕자는 포르투갈이 콩고를 지배하는 것은 옳지 않다는 편지를 포르투갈 신문에 보내는 방법으로 식민 지배에 저항했어.

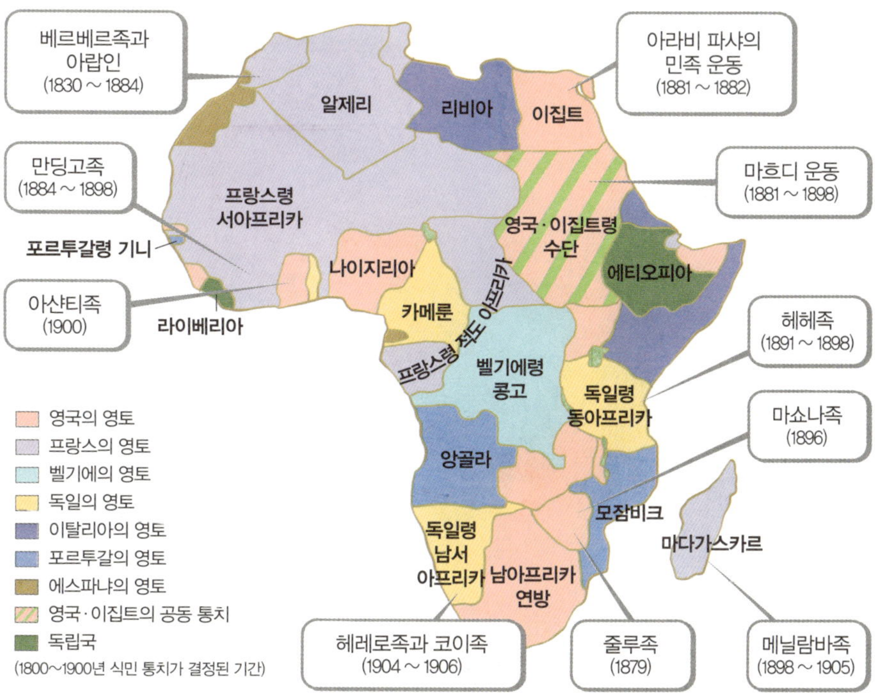

아프리카의 저항 운동 유럽의 식민 지배 정책에 맞서 아프리카 곳곳에서는 저항 운동이 일어났어.

줄루와 보어인, 그리고 백인과 흑인의 땅, 요하네스버그

뭐야? 너희 지금 그렇게 입고 비행기에서 내릴 거니? 반바지에 반팔 티셔츠라.

명심해. 아프리카라고 해서 덥기만 한 건 아니야. 남아프리카 공화국은 우리나라처럼 사계절이 있는 나라야. 아침저녁으로는 꽤 쌀쌀할 테니 긴 옷이랑 외투 꼭 챙겨서 내리렴.

이곳 요하네스버그는 남아프리카 공화국에서 가장 큰 도시야. 남아프리카 공화국은 원래 줄루족의 땅이었는데, 네덜란드 사람들의 후손이 이곳에 나라를 세웠어. 맞아, 보어인이라고 하는 사람들이지. 그 뒤로 다시 영국이 이곳을 차지했어. 참 복잡한 역사를 지닌 곳이지?

요하네스버그 전경

소웨토 흑인 거주 지역인 소웨토는 남아프리카공화국에서 가장 가난한 지역이야.

먼저 가 볼 곳은 소웨토란다. 줄루족은 남아프리카 지역에 왕국을 건설했어. 줄루 왕국은 분명 잘 갖추어진 왕국이었단다. 잘 훈련된 관리가 있었고, 군대도 2만 명이나 있었대. 왕이 명령하면 언제든 출동할 수 있는 상태였지. 아프리카의 자존심을 살린 왕국이었어.

20년 전만 해도 남아프리카 공화국은 흑인 차별이 심한 나라였어. 소웨토는 흑인들이 모여 사는 가난한 동네였지. 이곳에서 세계적인 위인이 태어났어. 바로 넬슨 만델라 대통령이야. 흑인 인권을 위해 싸우신 분인데 나중에 또 얘기할 기회가 있을 거야.

자, 차에 타렴. 보어인들의 흔적을 찾아서 프리토리아로 이동할 거야. 2시간 정도 걸릴 테니 가는 동안 창밖 풍경을 감상하는 것도 좋겠구나.

만델라 광장 동상

만델라의 집

아버지에게 버림받은 소년, 줄루 왕국을 세우다

"엄마, 오늘도 아이들이 저더러 아버지 없는 놈이라고 놀렸어요."

울상이 되어 돌아온 샤카 줄루를 달래며 어머니는 자상하면서도 단호하게 말씀하셨어.

"얘야, 그런 말에 신경 쓰지 마라. 너는 이다음에 위대한 추장이 될 몸이야."

사실, 샤카의 아버지는 부족의 추장이었어. 샤카의 어머니도 다른 부족 추장의 딸이었지만 정식으로 결혼하지 않은 채 샤카를 낳았대.

"정식으로 결혼한 것도 아니니, 난 그 아이를 내 아들로 인정할 수 없소."

아버지에게 버림받은 샤카는 어머니와 살았어. 190센티미터가 넘는 건장한 청년으로 자란 샤카는 줄루족의 통일을 꿈꾸던 한 추장의 부하가 되었어. 어느 날 추장이 샤카를 조용히 불렀어.

샤카 줄루 샤카 줄루는 줄루 왕국을 세운 사람이야.

"난 어릴 적에 백인 마을에서 산 적이 있다. 그들은 천둥소리를 내는 막대기를 사용한다. 큰 통나무가 불을 뿜으면 그 위력은 실로 대단하지. 백인들은 주문을 외우지 않고도 병을 치료한다. 그러니 샤카, 이다음에 추장이 되거든 절대 백인과 전쟁을 해서는 안 된다."

1816년, 추장이 죽자 샤카는 새 추장이 되었어. 그는 먼저 군대를 다시 훈련시켰어.

"젊은 군사들은 양옆에서 소뿔처럼 포위하고, 최강 부대는 가운데에서 적을 몰아붙인다."

샤카의 소뿔 전술에 대적할 이들은 없었어. 주위 부족이 하나둘 그에게 항복했지. 샤카는 더 이상 작은 부족 하나의 추장이 아니었어. 어엿한 줄루 왕국의 왕이었지. 뒷날 영국과 전쟁을 벌인 줄루 왕국은 이렇게 만들어졌지만, 그가 살아 있는 동안에는 백인들과 전쟁을 하지 않았대.

줄루 전사 줄루족은 전통적으로 창과 방패를 들고 싸웠어. 나중에는 유럽인들에게 산 총으로 전투를 하기도 했어.

한 걸음 더!

그곳에 빅토리아 폭포와 빅토리아 호수가 있는 이유는?

퀴즈 1: 이구아수 폭포, 나이아가라 폭포와 더불어 세계 3대 폭포라 일컬어지는 폭포의 이름은?

퀴즈 2: 세계에서 2번째로 큰 민물호수이며, 백나일강의 시작점인 호수의 이름은?

힌트: 두 문제의 답은 똑같지만 둘 사이의 거리는 엄청 멀어.

정답: 빅토리아!

"당신과 함께할 짐꾼 27명을 붙여 주겠소. 상아도 넉넉히 줄 테니, 다른 부족이 통행세를 요구하면 이것으로 지불하시오."

백인 최초로 아프리카 대륙을 가로지른 리빙스턴은 유럽에서 영웅이 되었어. 하지만 영국 선교사인 그가 아프리카 탐험을 할 수 있었던 건 아프리카 원주민 왕이 그를 후원했기 때문이야.

리빙스턴 일행이 탐험을 마치고 돌아오는 길에 엄청나게 큰 폭포를 만났어. 원주민들이 '모시오아툰야'라고 부르는 폭포였어. '천둥 치는 안개'라는 뜻이지. 버젓이 이름이 있었지만, 리빙스턴은 영국 여왕의 이름을 따서 '빅

빅토리아 폭포

빅토리아 호수

토리아 폭포'라고 폭포 이름을 새로 지었어.

얼마 후 백인들 사이에서는 나일강의 시작점을 찾는 경쟁이 붙었어. 그중에서도 백나일강의 시작점은 수수께끼였지. 원주민과 아랍인 등으로 탐험대를 꾸린 영국인 존 스피크는 거대한 호수와 만났어. '니안자'라는 이름이 이미 있었지만, 이번에도 여왕의 이름을 따서 '빅토리아 호수'라고 지었지.

아프리카 사람들의 입장에서 보면, 백인들의 탐험이란 이런 거였는지도 몰라.

'우리가 옛날부터 살아온 땅을 신대륙이라고 부르고, 우리가 이미 다 알고 있는 곳을 돌아다니고서는 최초로 발견했다고 말하는 것, 그리고 그 땅에 자기 맘대로 이름을 붙이고 자기 땅이라고 우기는 것.'

그럼에도 백인들은 당당했어. 마치 이렇게 생각하는 것 같았어. "하찮은 땅과 재물을 가져가는 대신, 아프리카에 하느님의 구원을 선사한다. 어때, 고맙지 않아?"라고 말이야.

19세기에 접어들면서 아시아와 아프리카에 있는 나라들은 운명의 갈림길에 섰어. '유럽의 식민지가 되느냐, 독립을 지키느냐'였지. 열쇠는 근대화를 이루느냐에 달렸어. 근대화란 유럽 국가처럼 군대와 제도를 갖추는 걸 말해. 한때 대제국이었던 오스만 튀르크도 예외는 아니었어. 제국의 영광은 어디 가고 어느새 러시아 등 유럽 국가들의 침략에 시달리고 있었거든. 살아남기 위해 근대화를 이루려 몸부림쳤던 오스만 튀르크에게 도대체 무슨 일이 벌어진 걸까?

1571년
레판토 해전에서 오스만 튀르크군이 유럽 연합군에 패배

1830년
그리스가 오스만 튀르크에서 독립

1826년
예니체리 폐지

1839년
탄지마트 시작

13

병들어 가는 오스만 튀르크 제국

1908년

청년 튀르크당 혁명

1914~1917년

오스만 튀르크가 독일 편이 되어 1차 세계 대전 참가

오스만 튀르크가 제국의 힘을 잃어 가다

시간이 지나면서 오스만 튀르크 제국은 약해져만 갔어. 술탄 자리를 놓고 형제와 친척이 서로 죽이는 일이 되풀이되었지. 제국 건설의 일등 공신이었던 예니체리도 타락했어. 자신들의 이익을 위해 여러 차례 술탄을 죽이기까지 했거든. 그나마 다행인 건 유럽이 아직도 오스만 튀르크 제국을 두려워하고 있다는 거였지.

유럽 사람들의 두려움에 금이 가기 시작한 건 1571년 그리스 앞바다에서였어. 400여 척의 배가 둘로 나뉘어 서로를 마주하고 있었어. 한쪽엔 십자가가 그려진 깃발들이, 다른 쪽엔 초승달이 그려진 깃발들이 나부끼고 있었지. 노잡이의 구령 소리와 함께 지금까지 이렇게 많은 포탄이 날아간 적이 있을까 싶게 포격전이 이어졌어.

'레판토 해전'이라고 불리는 이 전투에서 오스만 튀르크 제국의 해군은 유럽 연합군에게 크게 패했어. 200척 가까운

배와 병사 1만 5000명을 잃었지만, 오스만 튀르크 제국의 관리는 큰소리를 쳤대.

“우리가 잃은 것은 수염이 잘린 것에 불과하지만, 너희가 잃은 것은 팔이 뽑힌 것과 같다.”

허풍은 아니었어. 오스만 튀르크 제국은 곧 예전 규모의 함대를 갖추었고, 유럽인들은 여전히 오스만 튀르크 제국을 두려워했으니까. 하지만 유럽인들의 두려움을 완전히 날려 버린 사건이 그로부터 100년 뒤에 벌어졌어.

“비엔나에서 10만 명이 넘는 오스만 튀르크군이 유럽 연합군에게 패배했다.”

비엔나 전투의 소식은 오스만 튀르크 제국과 유럽 모두에게 충격을 주었어. 충격의 의미는 전혀 달랐지.

“어떻게 우리 오스만 튀르크 제국이…….”라는 것이 오스만 튀르크 제국이 받은 충격이었다면, “뭐야, 오스만 튀르크 제국도 결국 천하무적은 아니었던 거야?”라는 것이 유럽이 느낀 충격이었어.

튤립 시대, 짧은 화려함 뒤에 오스만 튀르크 제국이 시들어 가다

1709년, 오스만 튀르크 제국은 뜻밖의 손님을 맞았어. 러시아에게 패한 스웨덴 왕이 오스만 튀르크 제국으로 도망쳐 온 거야. 러시아의 표트르 대제는 스웨덴 왕을 추방하라고 요구했지만, 술탄은 거절했어.

러시아가 오스만 튀르크 제국을 침략했지만 오스만 군대는 용감히 맞서 싸웠어. 러시아의 표트르 대제도 어쩔 수 없이 물러서야만 했지.

이번엔 이겼지만 다음에 또 이길 수 있을까? 술탄은 유럽을 배워야 한다는 사실을 인정했어. 프랑스에서 훈련대장을 모셔 와 군대를 훈련시켰고, 오스만 튀르크 제국 최초로 인쇄소도 만들었어.

그런데 공부하라고 컴퓨터 사 주면 게임만 하는 애들이 꼭 있지? 오스만 튀르크 제국의 귀족들이 딱 그랬어.

튤립 시대 튤립 시대를 그린 그림이야. 배 사이에 줄을 걸고 마차를 타고 건너는 묘기를 구경하고 있어. 오스만 튀르크가 이렇게 한가롭게 놀고 있을 때가 아니었는데 말이야.

유럽을 배우라고 했더니 유럽 귀족처럼 정원을 가꾸고, 튤립을 심고, 사치를 즐겼어. 이때를 '튤립 시대'라고 하는데 그 화려함은 오래가지 않았지. 오스트리아와 전쟁을 치르면서 오스만 튀르크 제국은 유럽 국가들에게 밀리기 시작했어.

"유럽식 군복을 입고, 유럽식으로 훈련한들 뭐하나. 술탄과 귀족들이 썩어 빠졌는데……."

결국 이스탄불 시민과 예니체리가 또다시 반란을 일으켰어. 귀족들은 처형되고 술탄도 바뀌었지.

예니체리의 반란

도시를 순찰하는 예니체리 튤립 시대는 시민과 예니체리의 반란으로 12년 만에 끝났어.

병든 환자 오스만 튀르크 제국, 안팎의 적들에게 시달리다

유럽 국가들에게 오스만 튀르크는 결코 남에게 뺏기고 싶지 않은 먹잇감이었어. 1798년, 나폴레옹이 이끄는 프랑스 군대가 오스만 튀르크 영토인 이집트를 침략했어. 오스만 튀르크는 영국과 러시아의 도움을 받아 프랑스를 물리쳤지. 하지만 영국과 러시아는 도움을 준 대가로 오스만 튀르크의 영토를 요구했어. 이번엔 거꾸로 프랑스의 도움으로 이 둘을 물리쳤어.

이즈음, 오스만 튀르크의 지배를 받던 그리스가 독립 운동을 일으켰어. 뜻밖에도 유럽은 그리스 편을 들지 않았어. 자기들 식민지에서도 독립 운동이 일어날까 봐 걱정이 됐던 거야. 이 틈을 타서 오스만 튀르크의 총독이 그리스 사람들을 학살했어.

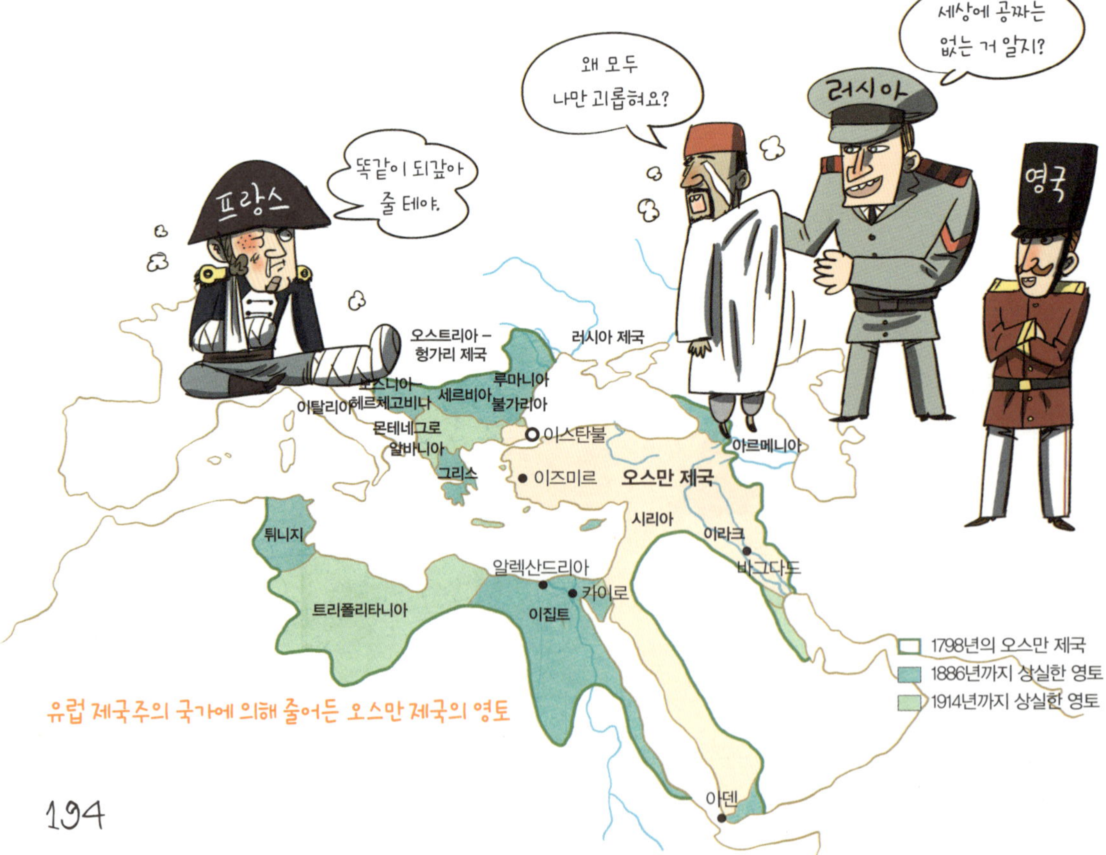

유럽 제국주의 국가에 의해 줄어든 오스만 제국의 영토

키오스섬의 학살 1822년, 오스만 튀르크 군대가 키오스섬에서 수만 명의 그리스인을 학살한 사건이야.

"야만적인 오스만 튀르크에게서 유럽의 뿌리인 그리스를 구해 내자."

학살은 유럽인들의 분노를 불러왔어. 결국 오스만 튀르크는 그리스의 독립을 인정할 수밖에 없었지.

"그리스 반란군 진압의 공이 크니, 내게 이집트와 시리아의 지배권을 내놓으시오."

설상가상으로 그리스 반란군 학살을 주도했던 총독이 이스탄불로 진격해 왔어. 놀랍게도 이때 오스만 튀르크를 구한 것은 원수처럼 지내던 러시아였어. 러시아의 속마음은 간단했어.

"강력한 새 나라가 생기는 것보다는 약해 빠진 오스만 튀르크가 그대로 있는 게 더 낫지."

이대로는 도저히 안 된다는 걸 오스만 튀르크의 술탄도 알고 있었어. 예니체리를 해체하고 군대를 유럽식으로 바꾸었어. 그리고 1829년, 술탄이 명령했어.

"터번을 금지한다. 성직자를 제외하고 오스만의 모든 백성은 페즈를 착용하라."

터번은 그 사람의 신분과 직업, 그리고 종교를 나타내는 도구였어. 모든 사람에게 페즈를 쓰라고 한 것은 '이제 오스만 튀르크 제국의 모든 백성은 신분, 직업, 종교에 상관없이 평등하다.'는 선언이었지.

술탄 마흐무트 2세 터번을 벗고 페즈를 쓴 술탄. 페즈는 무슬림을 상징하는 원통형의 모자를 말해.

오스만 튀르크, 근대화 개혁에 실패하다

1839년, '탄지마트'라고 불리는 개혁 조치가 발표되었어.

"의회를 구성하고 헌법을 만든다. 이슬람교를 믿든 안 믿든 제국의 모든 백성은 법 앞에 평등하다. 남자는 누구나 군대에 가고, 세금을 내야 한다. ……"

개혁은 쉽지 않았어. 관리들은 여전히 부패했고 여기저기서 반란이 일어났어. 한편에선 개혁이 더디다며 불만이었지만, 다른 한편에선 개혁이 이슬람을 망친다며 반대했지. 그래도 최초로 헌법이 만들어지고 의회가 구성되었어. 그런데 의회가 술탄을 비판하고 나섰지. 개혁이 더딘 책임이 술탄에게 있다는 거였어.

"기껏 의회를 만들어 줬더니, 뭐? 무능과 부패가 나 때문이라고!"

술탄은 헌법을 정지시키고 의회를 해산해 버렸어.

1877년에 또다시 러시아와 전쟁이 벌어졌고, 승리한 러시아는 오스만 튀르크의 땅을 요구했어. 영국을 비롯한 유럽 국가들이 오스만 튀르크만큼이나 발끈했어.

오스만 튀르크 최초의 의회 의회에서는 국민 대표가 모여 법에 따라 나랏일을 결정해. 우리나라의 국회와 같지.

술탄 압뒬메지트 1세 술탄 압뒬메지트 1세는 무스타파 레쉬트 파샤의 조언에 따라 탄지마트를 시작했어. 이후 3명의 술탄을 거치며 30년 넘게 이어진 개혁은 결국 실패하고 말아.

러시아와의 전쟁에서 포로로 잡힌 오스만 튀르크 군인들

"러시아가 오스만 튀르크의 영토를 독차지하겠다는 것 아닌가? 절대 받아들일 수 없지."

결국 프로이센의 비스마르크 수상이 유럽 대표들을 모아 놓고 누가 어디를 차지할 것인지 조정해 주었어. 오스만 튀르크의 의견은 하나도 중요하지 않았지.

탄지마트는 실패했고, 외세의 침략에 아무것도 할 수 없는 조국을 보며 젊은이들은 깨달았어. 나라를 구할 수 있는 방법은 혁명밖에 없다는 걸.

오스만 튀르크를 다스릴 자, 술탄인가 국민인가

"개혁이 실패하는 진짜 이유는 술탄이야. 술탄이 나라를 다스린다는 자체가 낡아 빠진 생각 아냐? 나라를 다스리는 건 술탄이 아니라 국민이 만든 헌법이어야 해."

근대화를 바라는 지식인과 젊은 장교들은 '청년 튀르크당'을 만들었어. 1908년, 이들은 혁명을 일으켜서 새로운 헌법을 만들고, 개혁에 반대하던 술탄을 바꿔 버렸어. 나라의 주인은 국민이라는 것을 분명히 한 거지. 지식인들은 다음 단계로, 제국이 어떤 방향으로 나아가야 할 것인지에 대해 고민했어.

"오스만 튀르크 제국에 살고 있는 사람을 모두 하나로 모아야 해. 민족이나 종교에 상관없이 말이야."

"아냐, 이슬람교를 믿는 사람들만 하나로 뭉쳐야 해."

"무슨 소리! 튀르키예어를 사용하는 사람으로 나라를 만드는 게 우선이야."

청년 튀르크당 1908년, 튀르크의 근대화를 요구하는 청년 튀르크당 사람들이 헌법에 따라 정부가 설립된 것을 축하하고 있어.

1차 세계 대전에 참여한 오스만 튀르크의 포병

1914년, 아무것도 해결되지 않은 상태에서 1차 세계 대전이 일어났어. 오스만 튀르크는 중립을 원했지만, 유럽은 서로 자기편이 되어 달라고 했지. 고민 끝에 오스만 튀르크는 독일 편으로 전쟁에 참여했어. 하지만 전쟁에 뛰어든 결과는 참혹했어. 30만 명이 넘는 병사가 죽었지. 결국 오스만 튀르크는 1917년에 항복했고, 1920년에 프랑스의 도시 세브르에서 항복 문서에 서명했어.

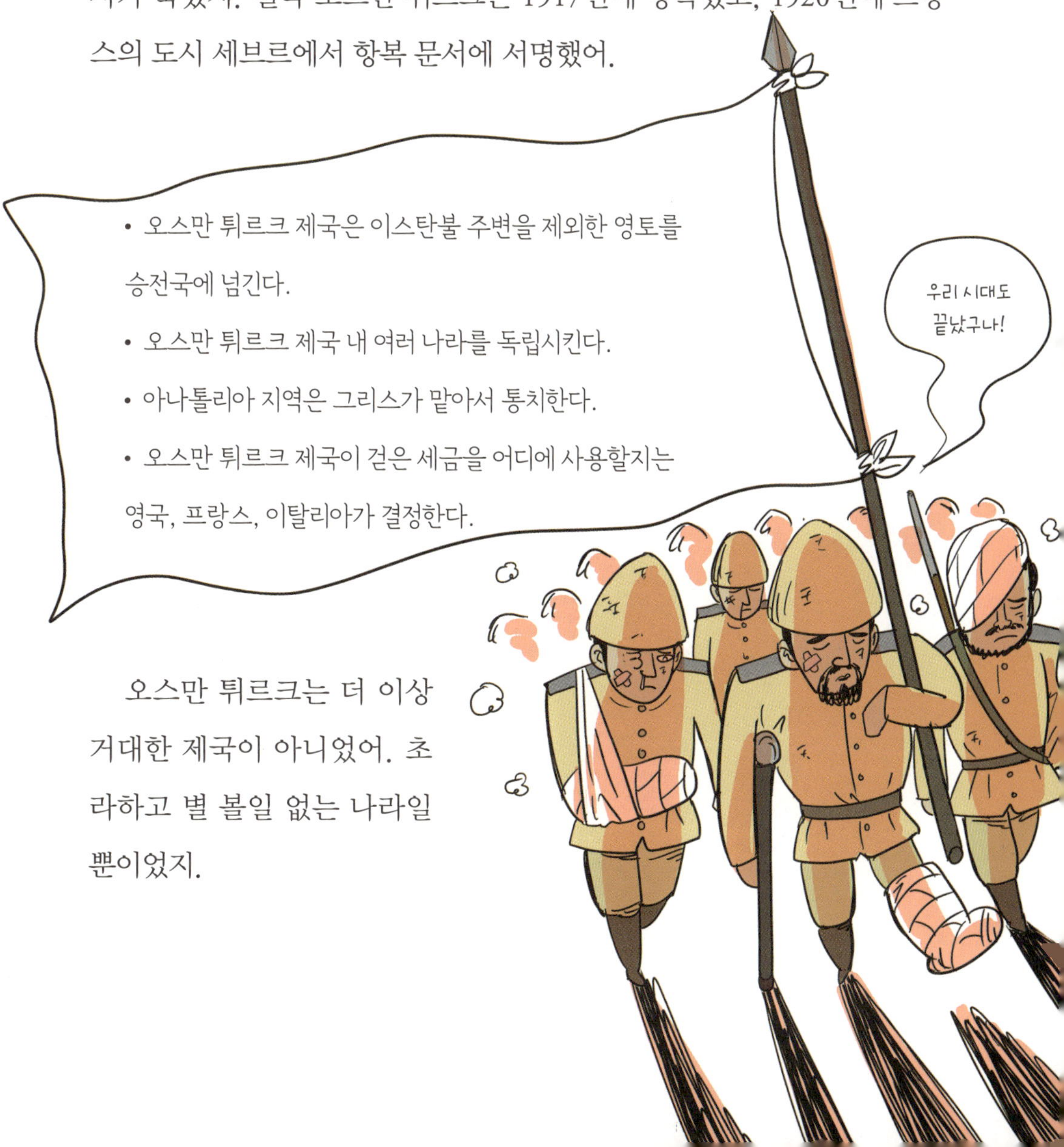

오스만 튀르크는 더 이상 거대한 제국이 아니었어. 초라하고 별 볼일 없는 나라일 뿐이었지.

오스만 튀르크의 끝, 튀르키예의 시작, 앙카라를 가다

안녕하세요. 저는 여러분에게 튀르키예의 수도 앙카라를 안내할 가이드입니다. 옛날 우리 조상들이 아시아 동쪽에 살 때 여러분의 조상인 고구려와 동맹을 맺고 당나라와 싸웠다고 하지요. 한국 전쟁 때는 우리 튀르키예군이 참전하기도 했고요. 이렇게 함께 피를 흘린 사이여서 우리는 한국을 '형제의 나라'라고 부른답니다.

아시다시피 앙카라는 튀르키예공화국의 수도입니다. 하지만 20세기 초만 하더라도 별 볼일 없는 시골 마을이었죠. 앙카라의 운명이 바뀐 건 1차 세계 대전이 끝나고부터예요. 전쟁에 패한 오스만 튀르크 제국의 술탄이 유럽 나라들과 굴욕적인 조약을 맺자 이에 대항해서 무스타파 케말 장군이 앙카라에 정부를 세웠거든요.

앙카라 전경 앙카라가 튀르키예의 수도가 되기 전에는 앙카라성 주위에 겨우 수천 명이 모여 사는 작은 시골 마을이었죠. 튀르키예공화국의 수도가 되면서 현재의 모습을 이루게 되었답니다.

되너 케밥

초대 의회 박물관 튀르키예의 첫 의회 건물입니다. 지금은 박물관으로 쓰이지요. 술탄을 폐지하고 튀르키예공화국을 선포하는 등 굵직굵직한 일이 벌어진 곳이지요.

당시 오스만 튀르크의 수도는 이스탄불이었기 때문에 한동안 이스탄불의 오스만 튀르크 정부와 앙카라의 튀르키예 정부, 이렇게 2개의 정부가 서로 대립했지요. 1920년에 그리스 군대를 몰아낸 앙카라 정부는 마침내 1922년, 이스탄불에 있던 오스만 튀르크 제국의 술탄을 폐지한다고 선언했어요.

그리고 1923년에 앙카라를 수도로 하는 튀르키예공화국이 성립되었지요.

그거 아세요? 앙카라에는 '한국공원'이 있고, 서울에는 '앙카라공원'이 있답니다. 나중에 이곳 앙카라가 생각나면 서울 여의도에 있는 앙카라공원에 꼭 찾아가 보세요. 자, 이제 앙카라의 멋과 맛을 찾아 자유롭게 여행해 보세요.

코카테페 모스크

1914년, 1차 세계 대전이 터졌어. 1939년에는 2차 세계 대전이 일어났지. 두 차례의 세계 대전을 겪는 동안, 서아시아와 중앙아시아의 사람들은 어떻게 되었을까? 어떤 선택을 하고, 어떻게 살았을까? 이제 근대 국가를 건설하기 위해 애쓴 그들의 노력을 찾아볼 거야. 신발 끈 단단히 묶고 쫓아오도록 해.

1914~1917년
1차 세계 대전 발발, 오스만 튀르크가 독일 편에서 참가하여 패배

1920년
무스타파 케말이 앙카라에서 대국민 의회 개최

1923년
로잔 조약으로 튀르키예공화국 탄생. 케말 아타튀르크가 대통령이 됨

14 서아시아와 중앙아시아의 근대 국가 수립 운동

1932년
사우디아라비아 수립, 이라크 왕국 독립

1925년
이란에 카자르 왕조가 멸망하고
팔레비 왕조 시작

1939년
2차 세계 대전 시작

튀르크 민족을 위한 튀르키예공화국이 건국되다

1차 세계 대전에 승리한 나라들의 요구에 따라 술탄은 군대를 해산하라고 명령했어. 그러나 무스타파 케말은 이 명령을 거부하고 앙카라에서 국민 의회를 소집했지.

"튀르키예공화국을 선포한다. 튀르키예의 주인은 국민이며, 국민 의회가 국민의 유일한 대표 기구이다."

이스탄불에는 오스만 튀르크 제국, 앙카라에는 튀르키예공화국이라는 2개의 정부가 들어선 거야. 한쪽에선 주인은 여전히 술탄이라고 했고, 다른 한쪽에선 이제 주인은 국민이라고 했지.

무스타파 케말

1차 세계 대전 패배 후 세브르 조약(1920년)으로 빼앗긴 튀르키예 영토

메흐메드 6세 술탄에서 쫓겨나 궁을 나서는 오스만 제국의 마지막 술탄이야.

1920년, 술탄이 맺은 조약에 따라 그리스 군대가 튀르키예 땅으로 들어왔어. 튀르키예공화국이 이 조약을 따를 리 없었지. 총사령관 케말은 그리스군을 몰아냈어.

1922년, 마침내 오스만 튀르크의 마지막 술탄은 외국으로 달아났고 튀르키예에서 술탄 제도는 영원히 사라졌어. 뒤이어 1924년과 1928년에 놀라운 결정이 내려졌어.

“칼리프 제도를 없앤다.”

“튀르키예의 국교가 이슬람교라는 조항을 삭제한다.”

튀르키예에서 종교는 정치에 간섭할 수 없다는 선언이었지. 이슬람 여성들의 머리쓰개도 금지되었어. 튀르키예를 근대 국가답게 만들기 위한 조치가 이어졌어. 알파벳을 본떠서 튀르키예 글자를 만들었어. 옛 아랍 문자를 더 이상 사용하지 않겠다는 의미였지. 1934년에는 여성에게 정치에 참여할 권리를 법으로 보장했어. 프랑스보다 10년이나 빠른 조치였지.

튀르키예 독립을 축하하는 사람들(1923년)

아랍 민족 국가들이 탄생하다

아랍인은 한때 이슬람 세계의 주인공이었어. 하지만 오스만 튀르크 시절 아랍인들은 아라비아 사막에 흩어져 사는 별 볼일 없는 부족 신세였지.

오스만 튀르크가 유럽식 개혁을 하려 할 때, 그와 반대되는 주장을 하는 사람이 있었어.

"제국이 위기에 빠진 건 오스만 튀르크가 알라의 말씀을 잊어버렸기 때문이다. 타락한 오스만 튀르크 제국을 없애고 이슬람의 원래 정신을 회복해야 한다."

아랍의 젊은 부족장이 이 주장에 동참했어. 이븐 사우드였지.

"아랍인들이여, 오직 알라만을 섬기고, 알라만을 위해 싸우는 나라를 건설하자."

모래알처럼 흩어져 있던 아랍 부족들이 이제 서로를 형제라고 부르며 오스만 튀르크 제국에 대항했어. 아랍 민족 국가를 세우자는 '아랍 민족운동'이 일어난 거야.

이콴 이븐 사우드가 이끄는 아랍 유목 부대를 '이콴'이라고 해. 영국은 이들이 오스만 튀르크에 대항하도록 부추겼어.

1차 세계 대전 이후의 서아시아 약속과 달리 1차 세계 대전 후 오스만 튀르크의 영토는 유럽 국가들이 나눠 가졌어.

영국 위임 통치령
프랑스 위임 통치령
새로 독립한 나라
*숫자는 독립 연도

1차 세계 대전이 터지자 영국은 아랍 민족이 오스만 튀르크와 싸우도록 부추기기 위해 이렇게 선언했어.

"1차 세계 대전에서 승리하면 우리 영국은 아랍 민족의 독립을 적극 지지할 것입니다."

하지만 전쟁에 승리한 영국은 약속을 지키려 하지 않았어. 서아시아 지역을 나눠 갖기로 이미 프랑스와 또 다른 약속을 한 뒤였거든. 아랍 민족이 불만을 터뜨리자 영국은 할 수 없이 아랍이 독립 국가를 세우는 것을 인정해 주었어. 아랍 민족 운동을 이끌었던 이븐 사우드가 사우디아라비아를 건국한 것도 이 무렵이야.

1차 세계 대전 후 열린 파리평화회의에 참석한 아랍 대표
영국과 프랑스는 아랍인의 독립에는 관심이 없었지만 마지못해 몇몇 아랍 국가의 건설을 허락해 주었어.

이란이 영국과 러시아의 식민지가 되다

사파비 왕조가 망한 이란 땅에 1794년, 카자르 왕조가 들어섰어. 1800년대에 접어들면서 카자르는 위기를 맞게 돼.

1813년에 러시아와의 전쟁에서 패한 카자르는 북쪽 땅을 빼앗겼어. 얼마 후에는 영국에게 철도와 석유에 대한 권리를 빼앗겼지. 영국은 담배 판매권도 독차지해 버렸어.

카자르를 차지하려고 러시아와 영국이 서로 눈치를 보는 틈을 타서, 카자르는 유럽의 과학 기술과 교육 제도를 받아들이고 근대화를 이루려고 했어. 하지만 역부족이었지.

"무능한 샤(왕)가 러시아와 영국에게 나라를 팔아먹고 있다."

1906년에 카자르에서 혁명이 일어났어. 헌법을 만들고 국민 의회도 만들었어. 샤의 정치 참여도 금지했지. 샤는 발끈했어. 샤는 러시아 군대의 도움을 받아 헌법을 무효로 하고 의회를 폭파해 버렸어. 샤가 끌어들인 외국 세력에 의해 혁명이 실패한 뒤, 카자르는 식민지나 다름없는 상태가 되었어.

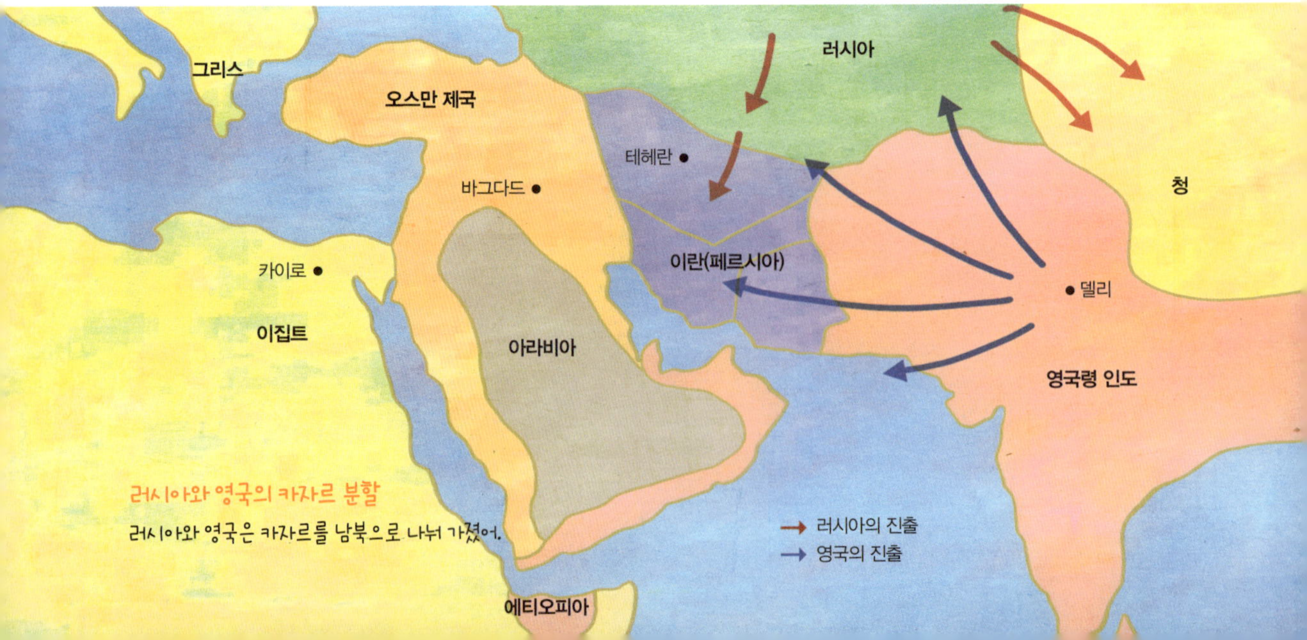

러시아와 영국의 카자르 분할

러시아와 영국은 카자르를 남북으로 나눠 가졌어.

영국과 러시아 사이에서 살아남으려는 페르시아(이란) 페르시아(고양이)가 영국(사자)에게 애교를 부리고 있고, 러시아(곰)가 못마땅하게 쳐다보고 있어.

1925년에 군사 반란으로 팔레비 왕조가 들어섰어. 이란 땅에 들어선 마지막 왕조였지.

"우리 나라는 옛날의 낡은 페르시아가 아니다. 지금부터 우리 나라의 공식 이름은 이란이다."

이란은 유럽 국가들과 맺은 불평등한 조약을 깨고 군대를 개편하는 등 개혁을 실시했어. 하지만 2차 세계 대전이 터지자 또다시 영국의 보호국 신세가 되는 운명을 맞아.

아미르 카비르 카자르의 근대화를 추진했던 수상이야. 하지만 샤에 의해 처형당하고 카자르는 개혁에 실패하고 말지.

영국 공사관에 모인 이란 군중 영국의 침략에 반대하며 헌법과 의회 제정을 요구하는 이란 민중들의 모습이야.

중앙아시아가 러시아와 중국의 영토가 되다

자, 따라해 봐. '투르키스탄'. 발음이 꽤 어렵지? 중앙아시아 초원의 또 다른 이름이야. 이 지역에 튀르크 사람들이 많이 살아서 이렇게 부른대. 유목 국가 중 투르키스탄의 마지막 강자는 '중가르'였어.

1700년대 초, 시베리아 정복을 마친 러시아가 중앙아시아 정복에 나섰어.

"영국이 인도를 차지했으니, 중앙아시아에서 만큼은 영국에게 밀릴 수 없지."

일은 순조로웠어. 중가르의 괴롭힘을 받던 유목민들이 스스로 러시아에게 항복했거든. 항복하지 않는 유목민을 정복하는 것도 어렵지 않았어. 어느덧 투르키스탄의 서쪽 땅은 러시아 차지가 되었지.

1755년에는 청나라가 중가르를 정복해. 투르키스탄의 동쪽 땅은 중국 차지가 된 거야. 지금도 여전히 중국 땅이지.

청나라의 중가르 정복 청나라의 중가르 정벌은 매우 잔인했어. 부족민의 10분의 7이 살해당하거나 병으로 죽었고, 10분의 2는 카자흐스탄으로 도망쳤대.

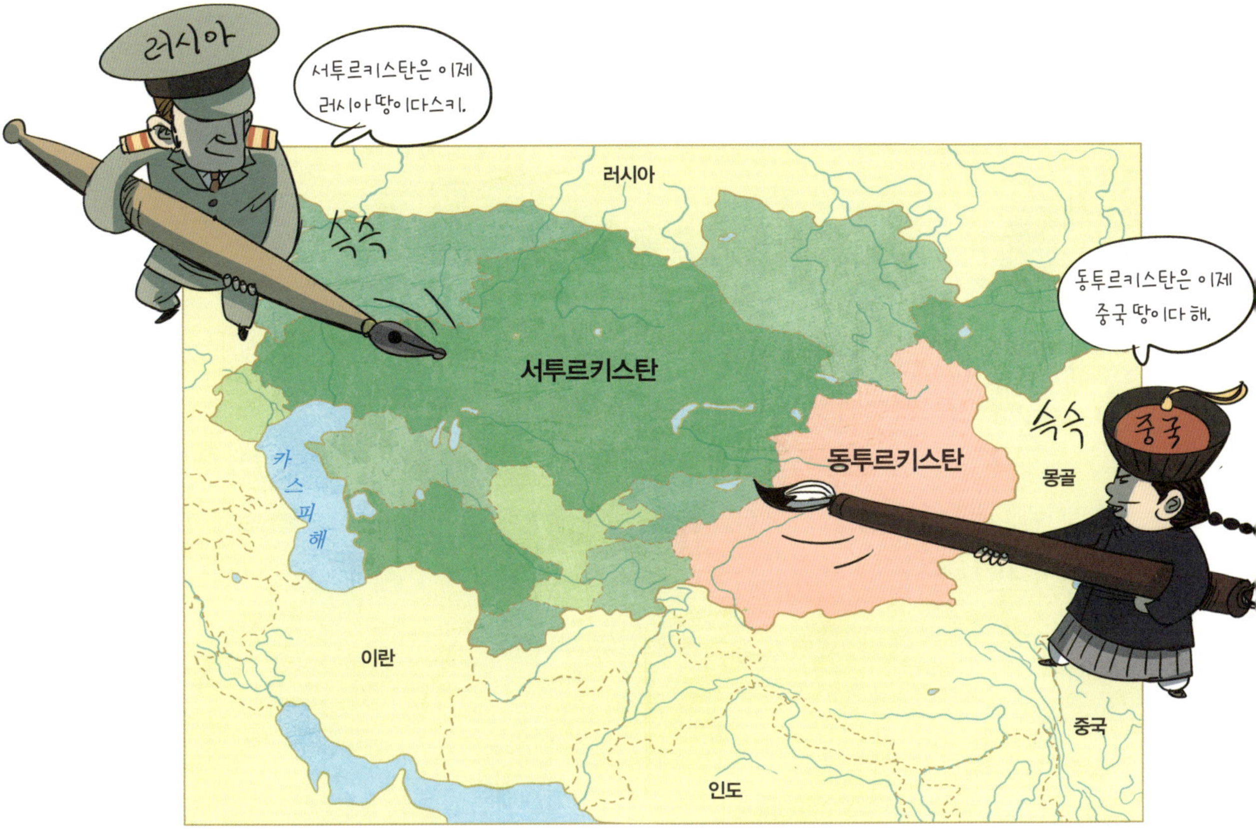

투르키스탄 투르키스탄은 '튀르크 민족의 땅'이란 뜻이야. 지금은 여러 나라로 갈라져서 다르게 부르지만 역사적으로 보면 모두 튀르크 민족의 땅이지.

"기왕 이렇게 된 거, 러시아 문화를 받아들이고 잘 살아 보자."

"무슨 소리, 이슬람의 정신을 되살려서 러시아로부터 해방돼야지."

러시아에 복종하는 사람도 있었고 반란을 일으킨 사람도 있었지만 독립은 이루어지지 않았어.

1917년, 사회주의 혁명으로 러시아가 소련으로 바뀌었어. 소련은 이 땅에 행정 구역을 그렸어. 원래 중앙아시아 사람들은 민족이란 개념이 없었는데, 행정 구역을 따라 민족 개념이 생겨났어. 카자흐 민족, 우즈베크 민족, 키르기스 민족 등등.

중국에 속한 사람들 역시 청나라에 저항하면서 자신들을 하나의 민족이라고 생각하기 시작했어. 이들을 위구르 민족이라고 부르지.

출발! 세계 속으로

이란의 수도 테헤란에는 서울공원이 있다

조카들, 그만 일어나야지. 테헤란에서 맞이하는 첫날을 늦잠으로 시작할 순 없잖니? 창밖을 한번 보렴. 2500년 역사를 지닌 이란의 수도답게 아름답고 화려하지? 오늘은 차가 아닌 지하철을 이용해서 도시를 돌아볼까 해. 조심할 게 있는데, 이슬람 국가이다 보니 지하철에도 남녀 칸이 따로 있단다.

먼저 가 볼 곳은 사드 아바드 궁이야. 18개의 궁전이 모여 있는 곳이지. 이곳에서 눈길을 가장 끄는 게 뭔지 아니? 바로 저 동상이야. 이란의 마지막 왕조를 세운 샤(왕)의 동상인데, 혁명 때 사람들이 부숴 버렸대. 삼촌 눈엔 역사가 남긴 한 편의 예술 작품으로 보이는구나.

테헤란 전경 테헤란은 높은 산과 현대 건물들이 조화를 이룬 이란의 수도란다.

레자 샤 이란 혁명 때 몸통은 무너지면서 다리만 남았어. 팔레비 왕조를 세운 레자 샤의 동상이야.

테헤란의 서울공원 2002년에 우리나라와 이란의 수교 40주년을 기념해서 만든 공원이야.

말 나온 김에 이란 혁명의 주인공인 호메이니가 잠든 곳으로 가 볼까? 거기까진 특별히 택시를 탈 건데, 가는 길에 도로 표지판에 뭐라고 적혀 있는지 잘 읽어 봐.

찾았니? 맞아, 이 도로 이름은 '서울로'야. 너, 서울에 '테헤란로'라는 도로가 있다는 거 아니? 1977년에 서울에 온 테헤란 시장이 서울과 테헤란에 서로의 이름을 붙인 도로를 만들기로 해서 생긴 거야.

자, 내리렴. 여기는 호메이니가 잠들어 있는 곳이야. 엄숙해야만 할 것만 같은 곳에 누워 자는 사람도 있고 앉아서 얘기하는 사람도 있으니 좀 놀랍지? 이란 사람들에게 호메이니는 위대한 지도자이자 친근한 할아버지 같은 사람이어서 그래.

테헤란의 느낌이 어땠니? 삼촌은 사람들이 친절하고 자유로워 보여서 살짝 놀랐단다. 이슬람 국가 사람들은 표정이 딱딱할 거라는 편견이 있었던 것 같아. 이곳도 똑같이 사람 사는 곳인데 말이야.

호메이니 영묘 이란 혁명으로 팔레비 왕조를 무너뜨린 이슬람 지도자 호메이니가 잠들어 있는 곳이야.

어린이들의 세계사

튀르키예 건국의 아버지가 된 소년, 무스타파 케말 아타튀르크

“무스타파, 역시 너는 꽤나 영특하구나. 이 어려운 수학 문제도 척척 풀어내다니. 우리 반에 무스타파란 이름을 가진 아이가 여럿 있으니, 너를 특별히 ‘케말’이라고 따로 부르마.”

케말은 ‘영특하다’는 뜻이었어. 튀르크 사람들은 우리와 달리 성이 없었대. 생각해 봐. 김영인, 이영인, 박영인이 아니라 그냥 영인이만 3명 있다면 어떻게 하지? 그래서 같은 이름을 가진 아이들을 구분하기 위해 별명을 불렀어. 키다리 영인, 똑똑이 영인, 곱슬머리 영인처럼.

1881년, 무스타파는 테살로니키에서 태어났어. 지금은 그리스 땅이지만 당시엔 오스만 튀르크 제국의 땅이었지. 7살에 아버지가 돌아가시자 어머니는 재혼을 했어. 새아버지는 무스타파와 동생을 잘 챙겨 주었대. 부모님은 무스타파가 종교 학교에 들어가길 원했지만 무스타파는 군사 학교에 입학했어. 비록 부모님의 뜻을 어겼지만 이 선택이 튀르키예의 운명을 갈라놓으리란 걸 그땐 아무도 몰랐을 거야.

“무스타파 케말, 그가 채 2만 명도 안 되는 병력으로 20만 연합군을 물리쳤다.”

아타튀르크 생가 무스타파 케말이 태어난 곳이야. 지금은 그리스 땅인 테살로니키에 있어.

1차 세계 대전에서 날아오는 연이은 패배 소식에 지쳐 있던 국민들에게 놀라운 승리의 소식이 전해졌어. 이스탄불 서쪽의 갈리폴리에서 무스타파 케말이 영국, 프랑스, 오스트레일리아, 뉴질랜드 연합군을 물리쳤다는 거야. 그것도 영국 해군 장관이던 처칠이 세운 공격 계획을 누르고 말이야.

1차 세계 대전이 끝난 뒤 케말은 튀르키예의 첫 대통령이 되었어. 대통령 재임 기간에 이슬람 국가로는 드물게 정치와 종교를 철저하게 분리했고, 알파벳을 활용해서 튀르키예 문자도 만들었어. 여성의 권리 향상도 부르짖었어. 튀르키예 의회는 그에게 '아타튀르크'라는 성씨를 내려 주었어. '튀르키예인의 아버지'라는 뜻이었지.

현재 무스타파 케말에 대한 평가는 두 가지로 엇갈려. 독재자라고 비판하는 사람도 있고, 튀르키예의 영웅이라고 우러러보는 사람도 있지. 뭐가 되었든 분명한 건, 무스타파 케말은 튀르키예 건국의 아버지라는 사실이야.

아타튀르크 동상

2차 세계 대전이 끝나고 서아시아와 아프리카의 나라들이 독립을 했어. 하지만 곧 많은 문제에 부딪혔지. 유럽 국가들이 마음대로 국경선을 정한 것이 원인이었어. 그곳에 살던 사람들의 역사, 부족, 종교와는 아무 상관없이 국경선이 그어졌거든. 서아시아와 아프리카 사람들이 식민지가 남긴 문제를 해결하기 위해 어떻게 노력했는지 살펴볼까?

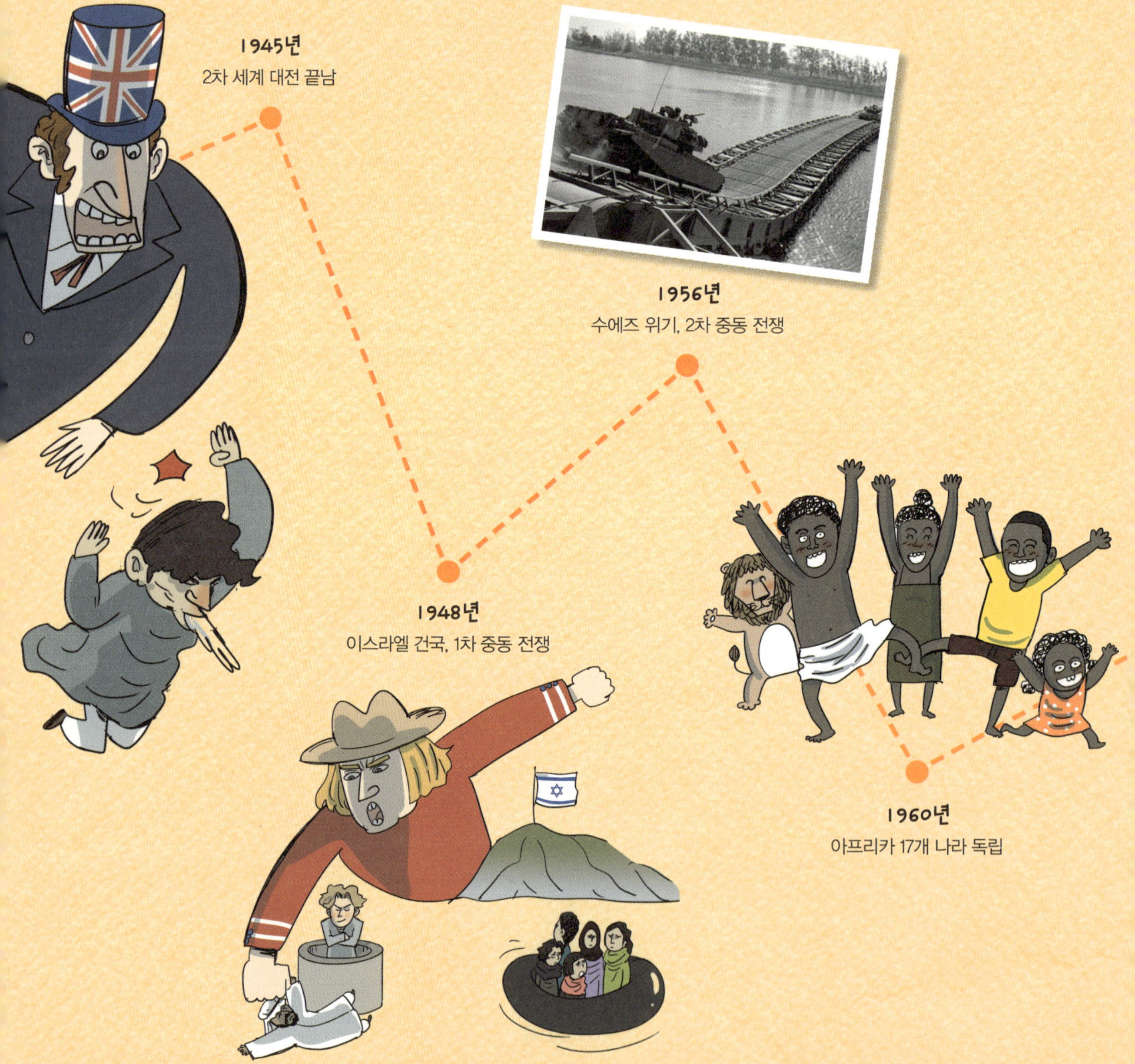

15

세계 대전 이후 서아시아와 아프리카

1964년
팔레스타인 해방 기구(PLO) 조직

1973년
4차 중동 전쟁, 1차 석유 파동

1967년
3차 중동 전쟁

이스라엘의 독립,
팔레스타인 사람들에게 재앙이 시작되다

"아랍이 영국을 도와 오스만 튀르크 제국과 싸운다면 우리 영국은 아랍 국가가 건설되도록 돕겠소."

아랍인들은 이 약속을 굳게 믿고 영국 편에서 싸웠어. 그런데 뒤통수를 얻어맞은 듯한 상황이 벌어졌어. 영국이 또 다른 발표를 한 거야.

"영국은 팔레스타인 지역에 유대인이 나라를 세우는 것에 반대하지 않는다."

원래 팔레스타인 지역에 살고 있던 아랍 사람들이 거세게 항의했어. 골치가 아파진 영국은 팔레스타인 문제를 국제 연합(UN)에게 넘겨 버렸지. 1947년에 드디어 국제 연합의 결정문이 발표되었어.

"유대인과 아랍인은 팔레스타인 땅에 각각 나라를 세우고, 예루살렘은 국제 연합이 담당한다."

원래 살고 있던 사람들에게 불공평한 조치였어.

요르단강 서안에 진주하는 이스라엘군

팔레스타인 난민

"팔레스타인 지역은 유대인이 탄생한 곳이다. 우리는 이곳에 유대인의 나라, 이스라엘을 세운다."

1948년 5월 14일, 이스라엘은 독립을 선언했어. 바로 다음 날 분노한 아랍 군대가 이스라엘로 쳐들어갔지. 1차 중동 전쟁이 일어난 거야. 병력은 아랍이 많았지만 승리한 건 이스라엘이었어. 뒤에서 이스라엘을 도운 미국의 힘이 컸지.

"팔레스타인 땅에 이스라엘 외의 어떤 정부도 인정할 수 없다."

전쟁에 이긴 이스라엘은 이렇게 선언했어. 1948년 5월 14일은 이스라엘에게는 독립 기념일이지만, 팔레스타인 사람들에게는 재앙의 시작일이야. 수천 년 동안 차별과 탄압의 피해자였던 유대인이 이제는 가해자가 된 셈이지.

이집트가 서아시아에서 영국과 프랑스를 밀어내다

2차 세계 대전이 끝나자 프랑스와 영국군은 서아시아와 이집트에서 철수했어. 하지만 수에즈 운하만큼은 여전히 영국 것이었지. 그런데 1956년, 이집트 대통령 나세르는 수에즈 운하를 이집트 것이라고 선언했어.

"이집트 국민의 이름을 걸고 이 운하를 지켜 내겠다."

나세르는 나일강에 댐을 지어 농사 문제를 해결하려는 계획을 세웠어. 댐을 짓는 데 필요한 돈은 수에즈 운하의 통행료를 받아 해결하겠다는 계산이었지.

운하를 포기할 수 없었던 영국은 프랑스, 이스라엘과 비밀리에 계획을 세웠어. 이 계획에 따라 1956년 10월, 게릴라 기지를 공격한다면서 이스라엘군이 이집트 국경을 넘어 쳐들어갔어. 이를 핑계로 바로 다음 날 영국과 프랑스가 전쟁에 끼어들었지. 이집트군과 이스라엘군 모두 운하 밖으로 물러나라면서 말이야. 당연히 이스라엘은 물러났지만 이집트는 거부했지. 이때다 하고 지중해에 있던 영국과 프랑스의 항공모함에서 전투기가 출격해 이집트군 기지를 폭격하기 시작했어.

수에즈 운하 국유화 선언 이집트 대통령 나세르가 수에즈 운하를 국유화하겠다고 선언한 후 환호하는 시민들에게 손을 흔들고 있어.

그런데 소련이 이집트 편을 들자 미국도 영국과 프랑스에게 전쟁을 끝내라고 요구했어. 소련이 서아시아에서

영향력을 가질까 봐 걱정되었거든.

국제 연합의 결정에 따라 전쟁이 끝났고, 수에즈 운하는 이집트 것으로 남았어. 영국과 프랑스는 더 이상 북아프리카에서 옛날과 같은 힘을 쓸 수 없다는 걸 보여 준 사건이었지.

아랍을 하나로 통일하려는 꿈이 꺾이다

수에즈 전쟁 이후 아랍인들 사이에서 나세르의 인기가 하늘을 찔렀어.

"서아시아든 아프리카든 그 어디에 있건 아랍인은 하나이며 하나의 정부 아래 뭉쳐야 합니다."

나세르의 주장은 아랍인들 사이에 크게 메아리쳤지. 1958년에 이집트와 시리아가 손을 잡고 '아랍 연합 공화국'을 세웠어. 아랍을 통일하려는 꿈이 첫 결실을 맺는 순간이었어.

1964년에는 아랍 지도자들이 모여 팔레스타인 해방 기구(PLO) 설립을 선언했어. 팔레스타인 문제를 아랍인 모두의 문제로 받아들인 거야.

하지만 모든 아랍 국가가 통일을 꿈꾼 건 아니야. 요르단과 사우디아라비아처럼 미국과 친하게 지내던 아랍 왕들은 굳이 자신의 지배권을 내놓으면서까지 통일을 하고 싶지는 않았거든. 이라크는 석유로 번 돈을 다른 아랍 국가들과 나누고 싶어 하지 않았지.

팔레스타인 해방 기구 팔레스타인 해방 기구 대표(선글라스), 이집트 대통령 나세르(양복), 요르단 국왕(오른쪽)의 모습이야.

3차 중동 전쟁에 투입된 이스라엘 비행기

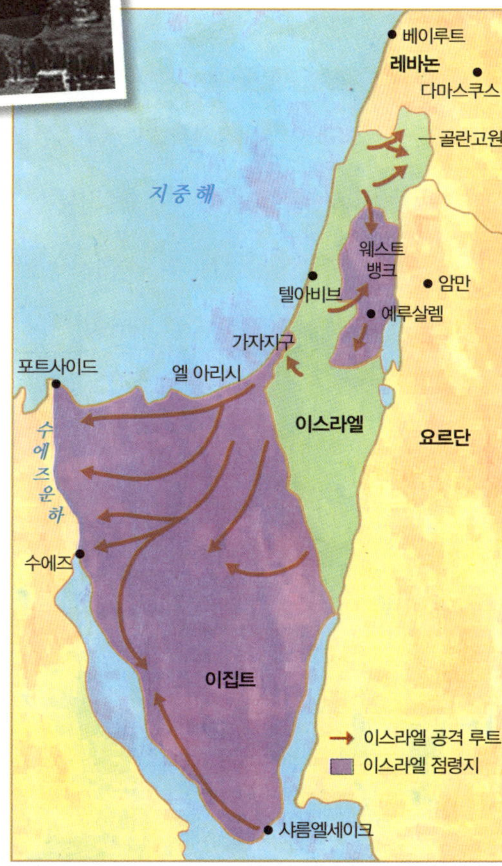

3차 중동 전쟁 3차 중동 전쟁은 6일 만에 끝났다고 해서 6일 전쟁이라고도 불러.

여기에 미국과 소련까지 끼어들었어. 소련은 통일을 주장하는 편에 섰고, 미국은 그것을 막으려는 편에 섰지.

1967년, 아랍 국가들과 이스라엘 간에 3차 중동 전쟁이 벌어졌어. 아랍 국가들은 6일 만에 또다시 패하고 말았어.

"미국은 번번이 이스라엘 편만 든다! 미국과 친한 요르단 왕부터 몰아내야 한다!"

요르단으로 피란 온 팔레스타인 사람들이 분노에 차서 외치자, 요르단 국왕은 팔레스타인 해방 기구를 내쫓아 버렸어. 아랍 민족을 하나로 통일하자는 꿈은 각자의 이익 앞에 시들해졌어.

아프리카가 유럽이 남긴 숙제와 싸우다

식민지 시절 아프리카 사람들에게 딱히 권리는 없었어. 하지만 전쟁에 나가서 백인을 위해 싸울 의무는 차고 넘쳤지. 세계 대전이 터지자 수백만 명의 아프리카 사람이 전쟁에 참가했어. 아니, 참가당했지.

"전쟁에는 백인 부자나 가라. 가서 총알을 맞아 봐라."

전쟁에 반대하는 운동과 더불어 민족의식이 깨어났어.

세계 대전이 끝난 후, 북아프리카에서 시작된 독립은 아프리카 전체로 도미노처럼 퍼져 갔어. 1960년에는 무려 17개 나라가 독립했어. 이 해를 '아프리카의 해'라고 불러.

독립은 끝이 아니라 시작이라는 거 알지? 해방의 기쁨이 가시자 곧 하나둘 문제점들이 나타났어. 문제의 원인은 유럽인이 그어 놓은 국경선이

오늘날의 아프리카 독립국

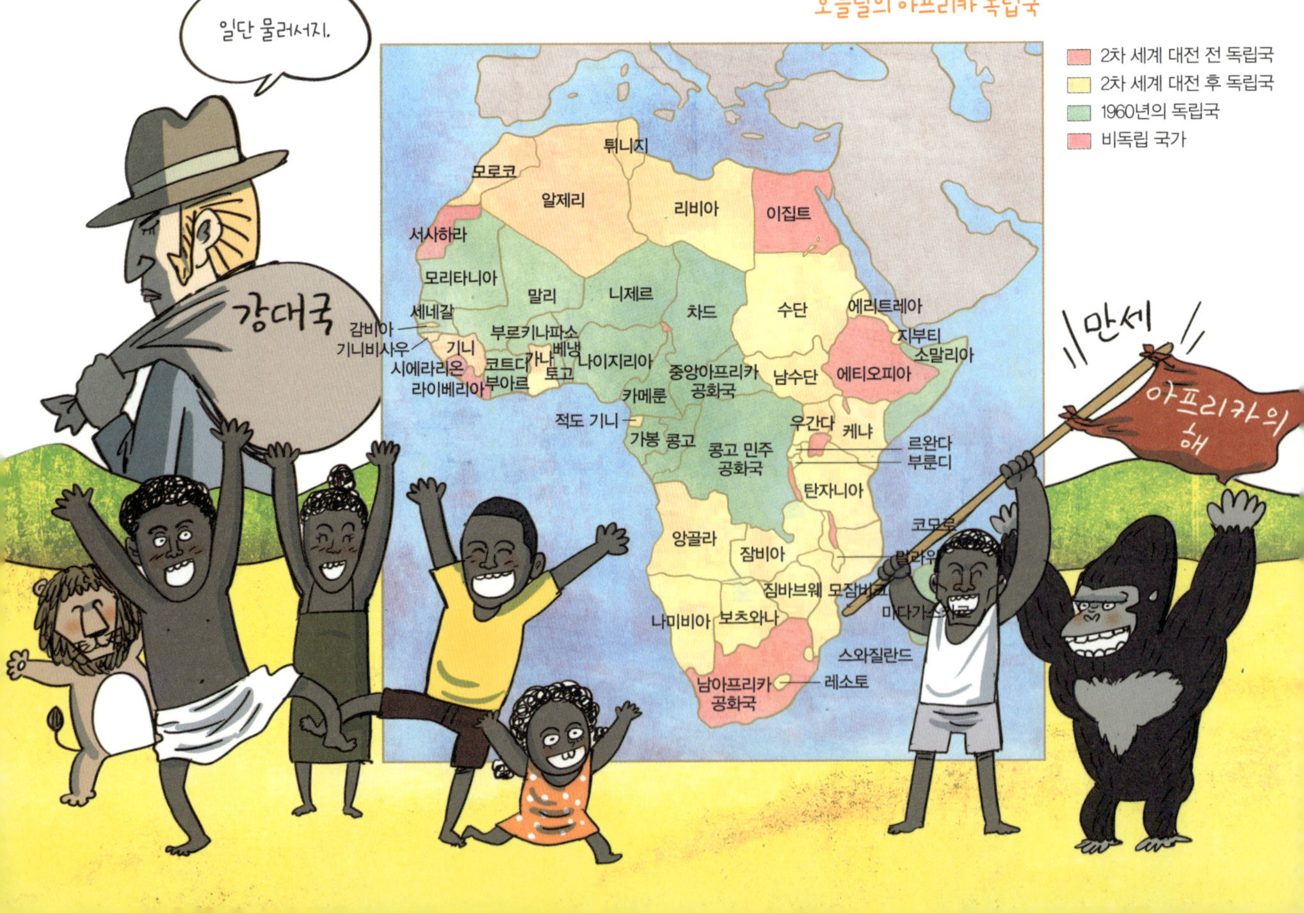

아프리카 소년 병사 독재 정권이 들어서고 부족 간의 전쟁이 일어나자 소년들이 군인으로 끌려가는 일이 흔하게 벌어졌어.

'비어 있어도 유럽인(백인)만 탈 수 있음'이라고 적힌 칸에 탄 흑인 여성 백인 정권이 들어선 나라에서는 독립 후에도 인종 차별에 맞서 싸워야 했어.

었어. 아프리카의 민족, 종교, 역사와는 아무 상관없이 식민지 시대에 자기들이 통치하기 편한 대로 그어 놓은 거였거든.

서로 다른 부족이 한 나라로 묶이자 부족 간 전쟁이 일어났어. 독재 정권이 들어서고, 사람들이 굶주리는 상황도 숱하게 벌어졌지. 남아프리카 공화국처럼 백인 정부가 흑인을 차별하는 나라도 생겼어.

문제는 또 있었어. 미국과 소련이 아프리카를 흔들기 시작한 거야. 미국처럼 자본주의를 선택할지, 소련처럼 공산주의를 선택할지를 놓고 아프리카는 또다시 서로 다투며 힘든 시간을 보내야 했어.

아프리카가 풀어야 할 숙제들 굶주림이나 내전 등으로 가장 큰 피해를 입는 건 언제나 어린이와 여성 같은 약자들이지.

고대에서 현대까지의 역사를 품은 도시, 카이로

일어났니? 창밖 자동차 경적 소리가 너무 시끄러웠나 보구나. 하긴, 카이로는 서울보다 인구가 많으니 복잡하고 시끄러운 게 당연한지도 모르겠다. 카이로를 둘러보러 출발해 볼까?

우선, 카이로 타워에 올라가서 도시를 한번 내려다보자꾸나. 고대와 현대, 사막과 도시가 어우러진 카이로만의 매력이 한눈에 보일 거야. 카이로는 '승리자의 도시'라는 뜻이니, 그 이름이 어울리는지도 생각해 보렴.

잠깐 카이로를 벗어나서 수에즈 운하로 갈 거야. 그거 아니? 처음 이집트와 프랑스가 수에즈 운하를 건설한다고 했을 때 영국은 반대했어. 수에즈까지 철도를 놓고 있었거든.

카이로 타워에서 본 카이로 전경

술탄 하산 모스크 이집트 수도 카이로에 있는 모스크로 14세기에 세워졌어.

이집트 박물관 나일 강변에 있는 이집트 박물관이야. 그 유명한 투탕카멘의 황금 마스크가 있는 곳이지.

1869년에 운하가 개통된 이후 이곳을 통과하는 배의 80퍼센트가 영국 배였지만, 영국에게는 아무 권리도 없었어. 후회하고 있던 영국은 이집트 정부가 운하를 팔기로 하자 얼른 사 버렸어.

영국이 수에즈 운하를 얼마나 소중하게 생각했냐면, 2차 세계 대전 이후 서아시아에서 군대를 철수하면서도 수에즈 운하에는 최강의 군대를 남겨 두었어. 이 부대가 철수하자 한 달 만에 이집트 나세르 대통령이 수에즈 운하는 이집트의 것이라고 선언한 거야.

수에즈 운하 홍해와 지중해를 이어 주는 물길이야.

12살의 팔레스타인 소년은 왜 죽어야 했나?

2000년 9월, 나는 죽었다.

“쏘지 마시오. 아이가 있소. 제발 쏘지 마시오.”

담벼락에 웅크리고 앉은 아버지가 이스라엘군을 향해 소리쳤어. 나를 살리기 위한 절규였지. 하지만 총성은 멈추지 않았어. 잔뜩 겁에 질린 나는 아버지 등을 부여잡고 어떻게든 두려움을 떨쳐 보려 했어. 울어도 보고 소리도 질러 보았지만, 나의 눈물도 아버지의 절규도 소용없었어.

순간, 뜨겁게 몸을 파고드는 고통, 여태껏 내가 아팠던 모든 걸 다 합친 것보다도 더 아픈 그 느낌……. 힘없이 아버지의 품에 쓰러질 때, 고통보다 참기 힘들었던 건 아버지에 대한 미안함이었어. 아버지, 차라리 나 대신 죽게 해 달라고 알라께 기도하고 계셨을 우리 아버지.

내 이름은 무함마드 알두라. 12살에 죽은 팔레스타인 소년이야. 내가 죽는 모습이 뉴스에 보도되었을 때 전 세계는 충격에 휩싸였대. 하지만 팔레스타인에서 나 같은 어린이가 죽는 것은 어제오늘의 일이 아니야. 1948년에 이스라엘이 건국되면서 비극은 시작되었지.

가자 지구 이스라엘이 건국되자, 그 땅에 살던 사람들은 가자 지구 등 주변으로 강제 이사를 가야 했어. 이스라엘은 가자 지구 둘레에 담을 쌓고 출입을 통제하고 있어.

1000년 넘게 살아온 땅에서 쫓겨나는 게 억울해서 어른들은 무기를 들었어. 세계는 오랫동안 우리를 테러 단체라고 비난했지만, 독립을 향한 몸부림에 마침내 관심을 보여 주었어. 1993년에 이스라엘도 팔레스타인 정부를 인정하긴 했지만 여전히 우리의 자유와 권리를 제한했어. 우리는 돌과 맨몸으로 맞섰지. 그 와중에 수많은 사람이 죽었어. 팔레스타인 사람도, 이스라엘 사람도. 나는 그저 그중에 한 명일 뿐이야.

난 비록 죽었지만, 간절히 기도해. 더 이상 나 같은 죽음은 없게 해 달라고, 서로 어울려서 함께 살아갈 수 있는 길을 찾게 해 달라고.

이스라엘 폭격으로 무너진 팔레스타인 지구

돌을 던지며 저항하는 팔레스타인 청년들

내가 역사에서 배운 교훈 가운데 하나가 뭔지 아니? 다양한 사람과 생각을 받아들여야만 강하고 부유한 사회가 된다는 거야. 서아시아를 '모자이크 사회'라고 해. 그만큼 다양한 민족과 종교, 그리고 문화가 섞여 있는 사회라는 뜻이야. 아프리카도 그래. 지금은 비록 그 다양성이 갈등을 일으키고 있지만, 다양성을 인정하고 함께 어우러진다면 서아시아와 아프리카의 가장 큰 장점이 될 거라 믿어.

1979년
이란 혁명

1994년
가자 지구와 요르단강 서쪽에
팔레스타인 자치 정부 수립.
넬슨 만델라가 남아프리카 공화국
최초의 흑인 대통령에 당선

1991년
걸프 전쟁. 소련 붕괴

16

서아시아, 중앙아시아 그리고 아프리카의 오늘과 미래

2003년
미국과 다국적군이 이라크 침공

2001년
9·11 테러 발생. 미국이 아프가니스탄 침공

2011년
아랍의 봄. 북아프리카 국가에 민주주의 시위

이란에서 시작된 혁명, 미국과의 관계를 묻다

테헤란 미국 대사관 인질 미국은 이들을 구하려 했지만 실패했어. 66명의 인질은 444일 만에 풀려났어.

1979년 11월, 전 세계 사람들은 텔레비전을 보며 놀라움을 금치 못했어. 눈을 가리고 줄에 묶인 미국 대사관 직원들이 끌려 나왔어. 이란 시민들은 환호하며 미국 국기를 불태우고 있었지.

"이란에서 도대체 무슨 일이 벌어지고 있는 거야? 세계 최강 미국을 상대로 도대체 왜?"

2차 세계 대전이 끝났을 때 이란은 서아시아에서 미국과 가장 친한 나라였어. 이란 국왕은 석유 개발권을 미국에게 주었고, 미국은 이란 국왕을 보호해 주었지. 석유 덕에 국왕은 부유했지만 국민은 가난했어.

"미국과 한편인 샤(국왕)에게 죽음을! 우리는 호메이니가 이끄는 이슬람 정부를 원한다!"

이란 국민이 혁명을 일으켰어. 1979년 1월에 이란 왕은 다른 나라로 도망쳤지. 그해 11월에 이란 수도에서 미국 대사관 점령 사건이 벌어진 거야. 이란 혁명은 아랍인들에게 미국을 다시 생각해 보도록 만들었어.

"맞아, 이스라엘이 저렇게 끄떡없는 것도, 국왕이 독재를 하는 것도 모두 미국 때문이야."

호메이니를 환영하는 이란 국민들 호메이니는 이란 혁명의 지도자야.

"크리스트교 국가인 미국이 이슬람 문화마저 더럽히고 있어."

이슬람교의 근본정신으로 돌아가 미국을 몰아내자는 생각이 아랍인들 사이에 퍼졌어. 1991년에 소련이 무너지자, 세계 유일의 강자가 된 미국은 스스로를 '세계의 경찰'이라고 불렀어. 세계 경찰의 눈에 이슬람 근본주의자는 테러리스트로 보였어. 반대로 이슬람 근본주의자들에게 미국은 알라의 적으로 보였지.

2001년 9월 11일, 미국 뉴욕에서 여객기 2대가 연이어 건물을 향해 돌진하는 믿을 수 없는 일이 벌어졌어. 미국은 이 사건을 이슬람 테러 단체가 저지른 것이라고 발표하고 테러와의 전쟁을 선포했어.

이 둘의 갈등은 여전히 이어지고 있어.

중앙아시아가 새롭게 발돋움하다

1991년 소련이 해체되면서 우즈베키스탄과 키르기스스탄을 시작으로 중앙아시아 국가들이 독립했어. 서투르키스탄이 러시아 영토가 된 지 200여 년 만의 일이었지. 개학 전날 밀린 숙제만큼이나 많은 숙제가 놓여 있었어.

소련 때의 관리들이 그대로 관리가 되어 정부를 이끌었고, 환경 문제도 있었어. 소련 때는 같은 나라였지만 이제는 다른 나라가 되었으니 각자의 이익을 위해 다툼도 벌여야 했어. 공산주의 시절과는 달리 자유 경제 체제가 되자 기업은 물론 개인도 경쟁을 통해 살아남아야 한다는 것도 쉽게 이해할 수 없는 부분이었지.

다행인 건 숙제를 차근차근 잘 풀어 나가고 있다는 점이야. 사람들은 시장 경제를 잘 받아들였고, 종교나 민족 간 갈등도 심하지 않은 편이야.

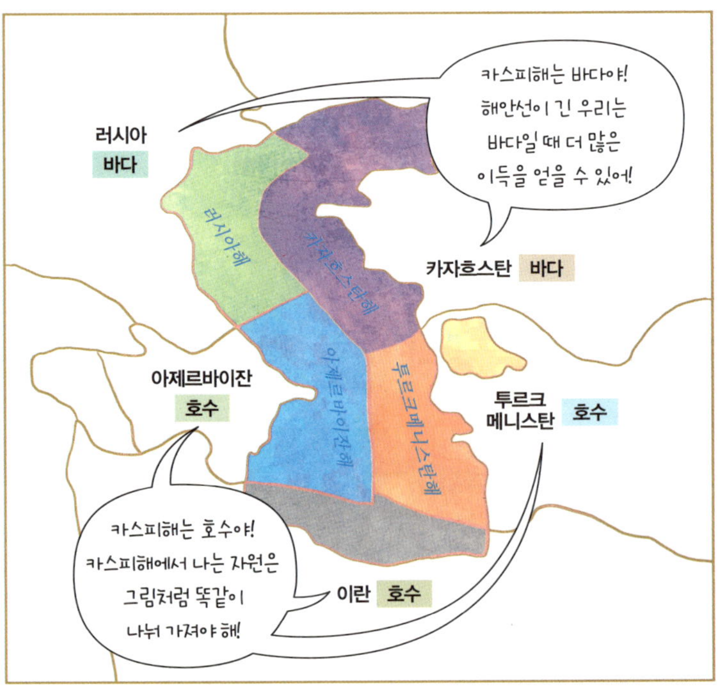

카스피해 분쟁 국제법에서 바다는 해안선을 따라 주권이 정해지지만, 호수는 호수에서 나는 자원을 맞닿은 나라들이 똑같이 나눠 가져야 해. 해안선이 긴 러시아와 카자흐스탄은 카스피해를 바다라고 주장하고 나머지 아제르바이잔, 이란, 투르크메니스탄은 호수라고 주장하고 있어.

중앙아시아 국가들과 중국의 신장웨이우얼자치구(옛 동투르키스탄 지역) 동투르키스탄은 여전히 중국 땅으로 남아 있어.

2013년 9월, 카자흐스탄을 방문한 중국 지도자는 옛 실크로드 국가들 간의 경제 협력을 제안했어.

"중국과 중앙아시아를 잇는 경제 구역을 만듭시다."

2015년에는 이 경제 개발 계획에 러시아도 참여하겠다고 발표했지. 미국과 일본, 그리고 우리나라도 이곳에 투자를 많이 하고 있어. 왜냐고? 중앙아시아는 남북으로는 러시아와 인도를 잇고, 좌우로는 유럽과 중국을 잇는 중요한 위치에 있어. 게다가 지하자원도 풍부하기 때문에 세계가 주목할 수밖에 없는 거지. 21세기형 실크로드가 열릴지 지켜봐야겠어.

육지로 변한 아랄해 한때 세계에서 4번째로 큰 호수였던 아랄해는 사막이 되어 가고 있어. 소련 시절에 목화를 재배하기 위해 댐을 쌓았는데, 이것이 환경 재앙으로 돌아온 거야.

아랍의 봄은 언제쯤 찾아올까?

튀니지 21년, 알제리 12년, 리비아 42년, 이집트 30년, 예멘 32년. 무슨 숫자냐고? 아랍의 독재자들이 통치한 기간을 꼽아 본 거야. 평생 권력을 가졌던 국왕을 제외한 게 이 정도지.

2010년, 튀니지의 시골 마을에서 경찰관과 젊은 노점상 사이에 실랑이가 붙었어.

"제발 한 번만 봐 주세요. 벌금을 내고 나면 저희 식구는 오늘 굶어야 합니다."

"그러게 누가 허락 없이 장사하래? 물건은 모두 압수니까 벌금을 내고 찾아가. 재수 없어, 퉤."

그는 모욕감을 느꼈지만 꾹 참고 다음 날 시청에 가서 항의했어. 하지만 노점상의 주장 따위엔 아무도 관심이 없었어. 결국 자신의 몸에 불을 붙이고 자살했지. 이 소식은 소셜 네트워크 서비스(SNS)를 통해 퍼져 갔어. 독재와 가난에 숨죽이고 있던 사람들이 거리로 뛰쳐나왔어.

"폭력 경찰 물러가라! 독재 정권 물러가라! 독재자를 몰아내자!"

자살로 아랍의 봄에 불을 붙인 무함마드 부아지지를 추모하는 촛불 3살 때 아버지를 여의고 어렵게 대학을 졸업했지만 경제가 어려워 일자리를 구하지 못하고 노점상을 해야 했대.

주변 나라로 확산된 '아랍의 봄' 민주화 운동은 아랍 여러 나라로 번졌지만 아랍의 민주주의는 여전히 가야 할 길이 멀어 보여.

시위는 튀니지뿐만 아니라 이웃 나라로 번졌어. 독재자들이 하나둘 물러났지. 아랍 세계에도 민주주의가 찾아오는 듯 보였어. 사람들은 이를 '아랍의 봄'이라고 했어.

하지만 봄은 그리 쉽게 오지 않나 봐. 독재자가 물러났지만 시민은 나라를 통치할 만한 능력이 없었어. 나라를 다스릴 만한 조직을 가진 건 군대 아니면 이슬람 단체뿐이었지. 이집트에서는 군인들이 다시 정권을 잡았고, 시리아와 이라크 등에서는 과격한 이슬람 단체와 전쟁이 벌어졌어.

아랍의 봄은 언제쯤 찾아올까?

시리아 난민 2011년에 시리아 내전으로 수많은 사람이 전쟁을 피해 이웃나라로 탈출해서 난민이 되었어.

그래도 가야 할 길, 화해와 평화

2011년, 아프리카 지도에 '남수단'이라는 나라가 하나 추가되었어. 무려 55년간 수단 정부와 싸운 결과였어. 그동안 죽은 사람만 250만 명이 넘어. 남수단뿐만이 아니야. 소말리아, 에리트레아, 중앙아프리카공화국 등등 곳곳에서 전쟁이 벌어져서 수많은 사람이 죽었어.

싸움의 이유는 간단해. 부족이 달라서, 종교가 달라서, 자원이 욕심나서였지.

독립에 앞장서거나 독재자를 몰아내는 데 앞장섰던 지도자들 자신이 시간이 지나면서 서서히 독재자로 변하는 일도 자주 벌어졌어.

수단과 남수단의 석유 다툼 석유는 전쟁의 이유이기도 했지만 전쟁의 도구가 되기도 했어. 석유를 판 돈으로 무기를 사서 전쟁을 치렀거든.

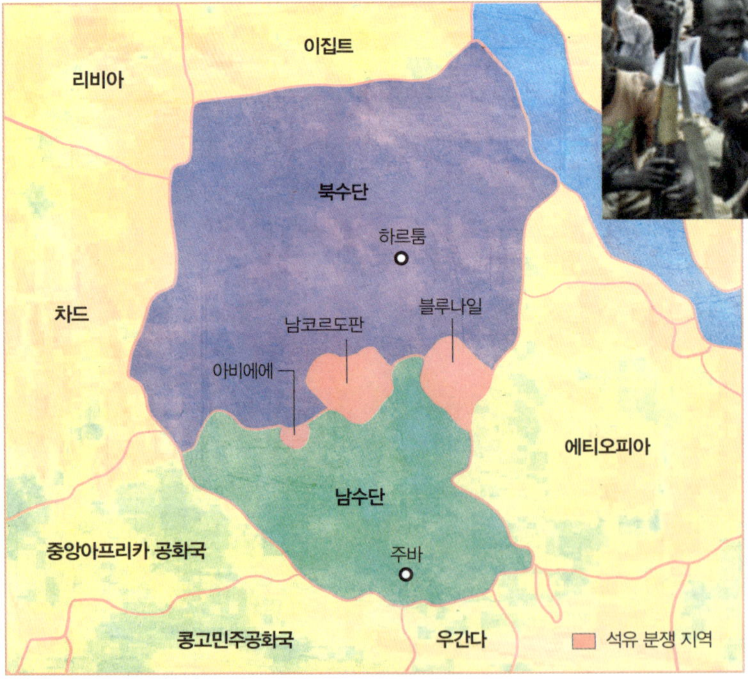

남수단의 소년 병사 아프리카 대부분의 나라가 독립 후에도 내전에 휩싸이는 문제를 되풀이하고 있어. 돈과 권력을 향한 욕심이 국민들을 힘들게 만들지.

아프리카의 종교 분포
전통적으로 이슬람 제국이 번성했던 북쪽은 이슬람교가 강한 반면 유럽 식민지의 영향을 강하게 받은 남쪽은 크리스트교가 널리 퍼졌어. 부족 문제와 더불어 종교 갈등은 아프리카에서 다툼이 벌어지는 주요 원인이지.

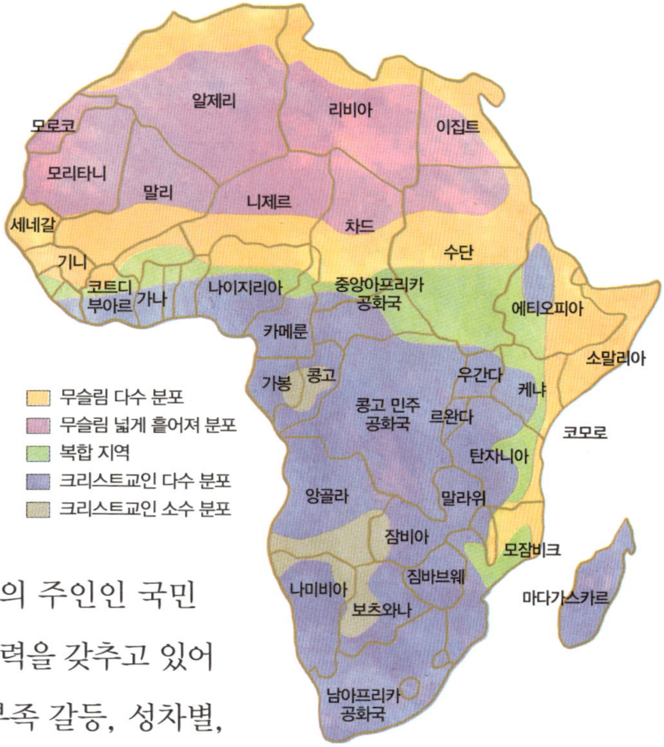

민주주의는 몇몇 지도자가 잘났다고 이루어지는 게 아냐. 나라의 주인인 국민 모두가 민주 시민다운 능력을 갖추고 있어야 가능해. 종교 갈등, 부족 갈등, 성차별, 독재 등의 과제들은 결코 해결이 쉽지 않지만 그렇다고 불가능한 것도 아냐. 어쩌면 이미 시작되고 있는지도 몰라. 오랜 흑인 차별을 끊고 남아프리카공화국 최초의 흑인 대통령이 된 만델라의 연설에 답이 있으니까.

“자유를 향한 길이 결코 쉽지 않다는 걸 압니다. 혼자서는 이룰 수 없다는 것도 압니다. 새로운 세상을 만들기 위해 함께합시다. 모두에게 정의를, 모두에게 평화를, 모두에게 일자리와 먹을 것을 줍시다. 절대로, 절대로 인간이 인간을 억압하는 일이 이 나라에서 벌어지게 해서는 안 됩니다.”

넬슨 만델라 흑인을 탄압한 백인을 처벌해야 한다고 요구하는 사람들에게 만델라는 단호히 말했어. “무지개는 여러 색이 어우러져 아름답듯이 흑인과 백인이 어울려 사는 나라를 만듭시다. 용서합시다. 그러나 잊지는 맙시다.”

한 걸음 더!

검은 황금 석유는 돈과 전쟁을 낳았다

1908년 이란에서 석유가 처음 발견되었어. '검은 황금'이라 불린 석유는 우리 생활을 바꾸어 놓았어. 미국과 유럽은 석유가 묻힌 곳을 식민지로 만드는 건 더 이상 의미가 없다는 걸 알았어. 석유가 어느 나라에 묻혀 있든, 그 석유를 캐내는 회사가 우리 것이면 돈도 우리 것이 되었거든.

1960년에 석유를 가진 나라들은 이익을 지키기 위해 '석유 수출국 기구(OPEC)'를 만들었어. 1973년 4차 중동 전쟁이 일어나자, 석유 수출국 기구는 이렇게 결정했어.

"우리는 석유 생산을 확 줄이기로 했다. 이스라엘을 돕는 나라에는 석유 수출을 금지한다."

석유가 무기가 될 수 있다는 걸 보여 준 사건이었지.

걸프 전쟁 이라크가 쿠웨이트를 공격한 이유도, 다국적군이 이라크를 공격한 이유도 모두 석유 때문이었어.

사우디아라비아와 아랍에미리트 등 몇몇 나라는 석유 덕에 부자가 되었어. 문제는 석유가 나는데도 국민들이 가난한 나라가 많다는 거야. 독재자가 이익을 독차지해 버렸기 때문이지.

석유는 전쟁의 원인이 되기도 했어. 1990년에 이라크가 쿠웨이트를 침공했어. 석유 때문이었지. 미국과 유럽은 서둘러 이라크를 공격하고 쿠웨이트를 해방시켰어. 이 또한 석유 때문이었지.

2003년에 이라크의 대량 살상 무기를 없애겠다며 미국이 또다시 이라크를 침공했어. 대량 살상 무기는 어디에도 없었지만, 세계 여러 나라가 미국을 지지하고 나섰어. 이유는 간단했지.

“이라크 석유 개발권을 미국이 갖게 되었으니, 미국 편에 서야 개발권을 나눠 가질 수 있다.”

석유는 인간의 욕심에도 불을 붙이는 묘한 연료인가 봐.

이라크 침공 2003년, 미국과 영국은 이라크를 침공했어. 침공의 이유는 사실 석유였어.

출발! 세계 속으로

두바이, 석유 이후를 준비하다

〈킹콩〉이라는 영화가 처음 만들어졌을 때 세계에서 가장 높은 건물은 미국 뉴욕에 있는 엠파이어 스테이트 빌딩이었어. 킹콩이 기어 올라가서 비행기를 손으로 잡던 바로 그 건물 말이야. 지금 세계에서 가장 높은 건물은 미국도 중국도 아닌 아라비아반도의 귀퉁이, 이곳 두바이에 있어.

두바이는 아랍에미리트 연방을 이루고 있는 7개 나라 중 하나야. 아랍에미리트 연방이 생기기 전, 원래 이곳에 살던 사람들은 뭘 하던 사람들인지 아니? 해적이었어.

두바이 분수쇼

두바이 전경

아랍에미리트 연방 7개 나라

영국은 안정적인 무역을 위해 이 지역을 공격하는 한편, 1853년에 휴전 협정을 맺어서 9개 부족장들의 지배권을 인정해 주었지.

1971년에 영국이 이 지역에서 철수하자 바레인과 카타르를 제외한 7개 부족장들이 연방 국가를 만들었어. 그게 바로 아랍에미리트 연방이지. 연방 국가이기 때문에 7개의 나라는 각각 독립적인 권리를 가지고 있어. 두바이는 그 7개 나라 중 하나인 거야.

사막 한가운데 이렇게 엄청난 도시가 있다는 것이 놀랍지 않니? 화려한 모습에 반하기도 하겠지만, 진정한 여행가는 보이지 않는 것을 보는 사람이야. 예를 들면 이런 질문에 답하는 거지.

"도대체 사막 한가운데에 왜 이렇게 화려한 도시를 건설한 걸까?"

아랍에미리트 연방은 석유가 많이 나는 나라야. 하지만 석유가 다 떨어지면 어떡하지? 그래, 관광과 금융 산업이 남지! 이 화려한 도시는 그들이 찾은 해답인 거야.

두바이 사막 사파리

말썽꾸러기 소년, 아프리카가 나아갈 길을 제시하다

내 얘기 좀 들어 볼래? 내 이름은 롤리흘라흘라. 1918년에 남아프리카에서 태어났어. 너한테만 하는 얘긴데, 난 내 이름이 싫어. '말썽꾸러기'라는 뜻이거든. 네가 보기에도 내가 말썽꾸러기처럼 보이니? 이름을 지어 주신 아버지가 원망스러울 때도 있었지만, 지금은 아버지가 그리워. 내가 13살 때 돌아가셨거든.

8살 때 작은 시골 마을에 있는 초등학교에 들어갔는데, 다시 생각해 봐도 이때가 내 인생에서 제일 행복했던 시기야. 친구들이랑 풀밭을 뛰어다니면서 함께 놀고 공부하면서 협동심이란 걸 배웠지. '만델라'라는 새 이름도 이때 얻었어.

내 꿈은 변호사였어. 그래서 대학교에 들어가서 법률을 공부했어. 그 당시 우리 남아프리카공화국은 백인의 나라였어.

"흑인은 정해진 곳에서만 살아야 하며 백인이 사는 지역으로 들어올 수 없다."

젊은 시절의 만델라와 수감 시절의 만델라 1961년 아프리카민족회의에서 연설하는 모습이야. 이듬해 체포된 뒤 27년 동안 감옥에 있었지.

"흑인은 백인과 결혼할 수 없으며 흑인 학교에서는 백인이 배우는 것을 가르쳐서는 안 된다."

어릴 적 겁 많던 나였지만 용기를 내서 인종 차별 반대 운동의 지도자가 되었어. 체포되어 몇 차례 감옥에 갔는데, 마지막에는 얼마나 오래 감옥에 있었는지 아니? 27년이야. 힘들고 외롭지 않았냐고? 아니, 난 포기하지 않았으니까. 인종 차별을 없애자는 편지를 끊임없이 보냈어. 감옥에 갇힌 건 나였지만, 시간이 지날수록 외톨이가 된 건 나를 가둔 백인 정부였어.

1990년, 마침내 나는 석방되었고, 1994년에는 남아프리카공화국 역사상 최초로 흑인 대통령이 되었어. 어때, 이 정도면 잘못된 세상에 대해 제대로 말썽 피운 것 아니니?

남아프리카공화국 최초의 흑인 대통령으로 당선되어 취임하는 넬슨 만델라

연표

서아시아·아프리카

B.C

4000년경	메소포타미아 문명 시작
3500년경	이집트 문명 시작
3100년경	메소포타미아에서 청동기 시대 시작
3000년경	상·하이집트 통일
2500년경	이집트에서 최초의 피라미드 건설
2330년경	사르곤 왕, 아카드 왕국 세움
1800년	함무라비 왕, 메소포타미아 통일
800년경	반투족, 아프리카에 퍼져 나감
700년경	스키타이 등장
671년	아시리아, 메소포타미아와 이집트 통일
559년	아케메네스 페르시아 건국
525년	페르시아, 이집트 정복
330년	페르시아 멸망
328년	알렉산드로스, 사마르칸트 점령
200년	흉노, 한나라 유방의 군대를 물리침
40년경	흉노, 동·서로 갈라짐

A.D

226년	사산 페르시아 건국
325년	악숨 왕국, 크리스트교를 공식 종교로 선포
375년	훈족, 게르만족 공격
400년경	가나 왕국 출현
552년	돌궐(튀르크) 건국
570년경	무함마드, 메카에서 태어남
610년경	이슬람교 탄생
622년	무함마드와 제자들, 메디나로 탈출(헤지라)
630년	(동)돌궐, 당나라에게 멸망
632년	무함마드 사망
651년	사산 페르시아 멸망
661년	우마이야 왕조 시작
711년	이슬람 군대, 에스파냐 정복
750년	아바스 왕조 시작
751년	탈라스 전투
909년	이집트, 파티마 왕조 시작
1037년	셀주크 튀르크 왕조 일어남

우리나라

B.C

1만 년 전	농경과 목축 시작
70만 년 전	구석기 시대
8000년경	신석기 시대
3000년경	청동기 시대
2333년	고조선 건국
500년경	철기 문화 보급
194년	위만 조선 성립
108년	고조선 멸망
57년	신라 건국
37년	고구려 건국
18년	백제 건국

A.D

313년	고구려, 낙랑군 몰아냄
372년	고구려, 전진에서 불교 전래 국립 대학인 태학 설치
384년	백제, 동진에서 불교 전래
427년	고구려, 평양으로 수도 옮김
494년	부여, 고구려에 복속
503년	신라, 국호와 왕호 정함
527년	신라, 불교 공인
538년	백제, 사비로 수도 옮김
612년	고구려, 살수대첩
645년	고구려, 안시성에서 당군에 승리
660년	백제 멸망
668년	고구려 멸망
676년	신라, 당군 몰아내고 삼국 통일
685년	신라, 9주 5소경 설치
698년	옛 고구려 땅에 발해 건국
828년	장보고, 청해진 설치
900년	견훤, 후백제 건국
901년	궁예, 후고구려 건국
918년	왕건, 고려 건국
926년	발해 멸망
935년	신라 멸망

유럽·아메리카

B.C

850년경 그리스, 폴리스 형성
776년 올림피아 제전 시작
753년 로마 건국
510년경 로마 공화정 수립
500년경 아테네, 도편 추방제 실시
492년 그리스·페르시아 전쟁 시작
431년 펠로폰네소스 전쟁 시작
338년 마케도니아, 그리스 정복
330년 알렉산드로스, 페르시아 정복
264년 포에니 전쟁(~기원전 146년)
27년 옥타비아누스, 황제 즉위
4년 예수 탄생

A.D

313년 크리스트교 인정
375년 게르만족 대이동
395년 로마 제국, 동로마와 서로마로 나뉨
476년 서로마 제국 멸망
481년경 프랑크 왕국 건설
800년 교황, 샤를마뉴를 서로마 제국 황제로 인정
900년 전후 노르만족 대이동
1054년 크리스트교, 동·서 교회로 분리
1075년 교황, 성직 임명권 주장
1077년 카노사의 굴욕
1088년 최초의 대학, 볼로냐 대학 설립
1096년 십자군 전쟁(~1270년)
1265년 단테 탄생
1309년 아비뇽 유수(~1377년)
1313년경 보카치오 탄생
1337년 영국과 프랑스, 백년 전쟁(~1453년)
1347년 흑사병 유행(~1351년)
1452년 레오나르도 다빈치 탄생
1453년 비잔티움 제국, 오스만 제국에게 멸망
1455년 영국, 장미 전쟁(~1485년)
1466년 에라스뮈스 탄생

중국·일본

B.C

170만 년 윈난성에서 위안머우인 등장
50만 년 베이징인 등장
1만 년경 조몬 시대 시작
5000년경 반포에 신석기 마을 형성
1600년경 상나라 건국
1046년 상나라 멸망, 주나라 성립
770년 주나라 동쪽으로 피난 춘추 시대 시작
403년 전국 시대 시작
3세기경 야요이 시대 시작
221년 진나라 중국 통일
202년 한나라 건국
139년 장건, 서역 파견

A.D

25년 후한 건국
184년 황건적의 봉기
220년 후한 멸망 위·촉·오 삼국 시대 시작
3세기경 야마타이국 수립
316년 5호 16국 시대 시작
4~6세기경 야마토 정권 수립
439년 북위, 화북 통일 남북조 시대 시작
589년 수나라 중국 통일
593년 쇼토쿠 태자의 통치
618년 당나라 건국
645년 다이카 개신
673년 덴무 덴노 즉위
710년 헤이조쿄로 수도 옮김(나라 시대)
752년 도다이지 다이부츠 완성
755년 안록산의 난
794년 헤이안쿄로 수도 옮김(헤이안 시대)

인도·동남아시아

B.C

2500년경 인도 문명 발생
1500년경 아리아인, 인더스강 유역 이동
800년경 브라만교, 카스트 제도 성립
690년경 반랑국 건국
527년 불교 탄생
327년 알렉산드로스, 인더스강 침입
321년 마우리아 왕조 성립
207년 남비엣 건국
185년 마우리아 제국 몰락
111년 한 무제, 남비엣 정복

A.D

40~43년 쯩 자매 저항 운동
1~2세기경 최초의 국가, 푸난 성립
100년경 쿠샨 제국 카니슈카 왕 즉위
250년경 쿠샨 제국 몰락
320년경 굽타 제국 성립
415년경 훙노족 북서부 침입
679년 당나라, 북베트남 정복
7세기경 스리위자야 왕조 성립
802년 캄보디아 앙코르 왕조 성립
871년 촐라 왕국 부흥
1009년 리 왕조 성립
1044년 미얀마, 파간 왕조 성립
1206년 아이바크, 델리 술탄 왕조 건립
1225년 쩐 왕조 성립
13세기 타이, 수코타이 왕조 성립
14세기경 타이, 아유타야 왕조 성립 스리위자야 왕조 멸망
1400년경 믈라카 왕국 성립
1407년 명나라, 베트남 지배(~1427년)
1428년 레 왕조 성립
1431년 앙코르 왕조 멸망
1471년 참파 왕국 멸망
16세기 미얀마, 퉁구 왕조 성립

서아시아·아프리카

1071년	셀주크 튀르크, 동로마 제국 격파
1099년	1차 십자군, 예루살렘 함락
1169년	이집트, 아이유브 왕조 건국
1200년경	말리 왕국 발전
1200~1300년경	그레이트 짐바브웨 출현
1206년	테무친, 칭기즈 칸이 됨
1227년	칭기즈 칸 사망
1258년	몽골 군대 바그다드 점령, 압바스 왕조 멸망
1279년	몽골, 중국(송)을 완전 정복
1299년	오스만 튀르크 건국
1368년	원나라, 명나라에게 패하여 몽골 초원으로 쫓겨 감
1395년	티무르 제국, 서아시아 통일
1402년	티무르 제국, 오스만 튀르크 군대 격파
1445년	포르투갈, 서아프리카 황금 해안에 요새를 건설
1453년	오스만 튀르크가 콘스탄티노플 정복, 비잔티움 제국 멸망
1501년	이란, 사파비 왕조 건국
1510년	아프리카 흑인 노예, 처음으로 아메리카에 도착
1541년	오스만 튀르크, 헝가리 정복
1546년	송가이, 말리 멸망시킴
1571년	레판토 해전, 포르투갈, 앙골라에 식민지 건설
1652년	네덜란드, 희망봉에 정착
1768년	중국 청나라가 동투르키스탄 정복
1818년	샤카, 줄루 왕국 건설
1826년	예니체리 폐지
1830년	그리스, 오스만 튀르크에서 독립
1839년	탄지마트 시작
1879년	줄루 전쟁
1880년	1차 보어 전쟁
1884년	러시아, 중앙아시아 정복 완료
1887년	영국과 러시아가 중앙아시아 분할 통치선 확정
1896년	에티오피아의 황제 메넬리크 2세, 이탈리아를 물리침
1898년	파쇼다 사건
1899년	2차 보어 전쟁 시작
1908년	청년 튀르크당 혁명
1914년	1차 세계 대전, 오스만 튀르크가 독일 편에서 참가하여 패배(~1917년)
1920년	무스타파 케말, 앙카라에서 대국민 의회 개최
1923년	로잔 조약으로 튀르키예 탄생, 케말 아타튀르크가 대통령이 됨
1924년	소련이 우즈베키스탄, 키르기스스탄, 투르크메니스탄 경계선 확정(~1927년)
1925년	이란, 카자르 왕조가 멸망, 팔레비 왕조 시작

우리나라

936년	고려, 후삼국 통일
958년	과거제 실시
993년	요의 1차 침입, 고려의 강동 6주 획득
1019년	귀주 대첩
1033년	천리장성 축조
1107년	윤관, 여진 정벌
1126년	이자겸의 난
1135년	묘청의 서경 천도 운동
1170년	무신정변
1198년	만적의 난
1231년	몽골의 1차 침입
1232년	강화도로 수도를 옮김
1270년	개경으로 환도, 삼별초의 대몽 항쟁
1376년	최영, 왜구 토벌
1388년	이성계, 위화도 회군
1389년	박위, 쓰시마섬 정벌
1392년	고려 멸망, 조선 건국
1394년	조선, 한양 천도
1402년	호패법 실시, 무과 설치
1446년	훈민정음 반포
1510년	3포 왜란
1592년	임진왜란, 한산대첩
1608년	경기도에 대동법 실시
1609년	일본과 기유약조 체결
1623년	인조반정
1624년	이괄의 난
1627년	정묘호란
1636년	병자호란
1678년	상평통보 주조
1696년	안용복, 독도에서 일본인들을 쫓아냄
1708년	대동법, 전국적으로 확대 실시
1725년	탕평책 실시
1750년	균역법 실시
1811년	홍경래의 난
1860년	최제우, 동학 창시
1866년	병인박해, 병인양요
1871년	신미양요
1876년	강화도 조약 체결
1882년	임오군란, 미국·영국·독일 등과 통상 조약 체결
1884년	우정국 설치, 갑신정변

유럽·아메리카

1475년	미켈란젤로 탄생
1478년	토머스 모어 탄생
1479년	에스파냐 왕국 탄생
1483년	라파엘로 탄생
1492년	콜럼버스, 아메리카 대륙 도착
1498년	바스쿠 다 가마, 인도의 캘리컷 도착
1517년	루터, 95개 조 반박문 발표
1519년	마젤란, 세계 일주 항해 시작
1521년	에스파냐, 아스테카 제국 정복
1522년	마젤란의 선원, 세계 일주 항해 성공
1533년	에스파냐, 잉카 제국 정복
1534년	헨리 8세, 영국 국교회 수립
1562년	프랑스, 위그노 전쟁(~1598년)
1568년	네덜란드 독립 전쟁(~1648년)
1588년	에스파냐, 영국 함대에게 패배
1618년	독일, 30년 전쟁(~1648년)
1642년	영국, 청교도 혁명(~1649년)
1643년	프랑스, 루이 14세 즉위
1688년	영국, 명예 혁명
1703년	러시아 표트르 대제, 상트페테르부르크 점령
1733년	존 케이, 천 짜는 기계 발명
1740년	오스트리아, 마리아 테레지아 즉위
1747년	프로이센 프리드리히 2세, 상수시 궁전 건설
1764년	하그리브스, 실 뽑는 기계 발명
1769년	와트, 증기 기관 발명
1773년	미국, 보스턴 차 사건
1775년	미국 독립 전쟁(~1783년)
1776년	미국, 〈독립 선언서〉 발표
1789년	미국 연방 공화국 탄생, 조지 워싱턴 초대 대통령 취임
1789년	프랑스, 바스티유 감옥 습격, 〈인권 선언〉 채택
1792년	유럽 여러 나라, 프랑스와 전쟁 시작
1793년	프랑스, 루이 16세 처형
1804년	나폴레옹 황제 즉위, 《나폴레옹 법전》 편찬
1804년	아이티, 공화국으로 독립
1805년	프랑스 해군, 영국에게 패배
1807년	풀턴, 증기선 발명

중국·일본

894년	견당사 마지막 파견
907년	당 멸망, 5대 10국 시대 시작
916년	거란국(요나라) 건국
960년	송나라 건국
1115년	금나라 건국
1127년	북송 멸망, 남송 성립
1192년	가마쿠라 바쿠후 성립
1206년	칭기즈 칸, 몽골 제국 수립
1271년	쿠빌라이, 원나라 건국
1274년	고려·원 연합군의 1차 침입
1279년	남송 멸망, 원나라 중국 통일
1333년	가마쿠라 바쿠후 멸망
1336년	무로마치 바쿠후 수립
	중국, 남북조 분열
1368년	명나라 건국
1392년	중국, 남북조 통일
1405년	정화의 원정 시작
1429년	중국, 베이징으로 수도 옮김
1467년	오닌의 난
1573년	무로마치 바쿠후 멸망
1590년	도요토미 히데요시, 전국 통일
1592년	임진왜란 시작
1603년	도쿠가와 이에야스, 에도 바쿠후 수립
1616년	후금 건국
1635년	산킨고타이 제도 확립
1644년	명나라 멸망, 청나라의 중국 지배
1688년	겐로쿠 문화 전성기(~1703년)
1757년	청나라 신장 위구르로 영토 확장
1787년	간세이 개혁
1811년	마지막 조선통신사 일본에 옴
1840년	아편 전쟁
1854년	일미 화친 조약 맺고 문호 개방
1860년	영·프 연합군 베이징 점령
	양무운동 시작
1868년	메이지 정부 수립
1889년	대일본제국헌법 제정
1894년	청일 전쟁
1898년	변법자강 운동 시작
1899년	의화단 운동
1904년	러일 전쟁

인도·동남아시아

1526년	바부르, 무굴 제국 건설
1556년	아크바르 즉위
1565년	필리핀, 에스파냐의 식민지가 됨
1600년	인도 동인도 회사 설립
1605년	자한기르 즉위
1627년	샤자한 즉위
1658년	아우랑제브 즉위
18세기	타이, 짜끄리 왕조 성립
1757년	플라시 전투
1802년	응우옌 왕조 건국
1804년	국호를 베트남으로 정함
1857년	세포이 항쟁
1858년	무굴 제국 멸망
	프랑스 베트남 지배
1863년	캄보디아, 프랑스의 식민지가 됨
1877년	영국령 인도 제국 수립
1885년	인도 국민 회의 창립
1887년	프랑스령 인도차이나 연방 성립
1893년	라오스, 프랑스의 식민지가 됨
1898년	필리핀, 에스파냐로부터 독립
1901년	필리핀, 미국의 식민지가 됨
1905년	벵골 분할 반대 운동
	인도 자치 운동
1906년	무슬림 연맹 창립
1914년	1차 세계 대전이 일어남
1919년	간디, 불복종 운동 전개
1939년	2차 세계 대전이 일어남
1940년	일본, 베트남 점령
1942년	일본, 필리핀 마닐라 점령
1943년	필리핀 제2공화국 탄생
1945년	캄보디아, 라오스 독립
1946년	베트남, 프랑스 전쟁(1차 인도차이나 전쟁)
1947년	인도와 파키스탄, 각각 임시 정부 수립
1948년	마하트마 간디 사망
	스리랑카 분리 독립
	미얀마 독립
1951년	인도 연방 공화국 건국
	네루 총리 취임
1951년	인도, 경제 개발 5개년 계획 실시

서아시아·아프리카

1932년 사우디아라비아 수립, 이라크 왕국 독립
1948년 이스라엘 건국, 1차 중동 전쟁
1955년 아시아–아프리카 회의
1956년 수에즈 위기, 2차 중동 전쟁
1958년 아랍 연합 공화국 수립(~1961년)
1960년 아프리카 17개 나라 독립
1964년 팔레스타인 해방 기구(PLO) 조직
1967년 3차 중동 전쟁
1973년 4차 중동 전쟁, 1차 석유 파동
1979년 이란 혁명(팔레비 왕조 멸망), 소련이 아프가니스탄 침공
1980년 이란·이라크 전쟁(~1988년)
1990년 이라크, 쿠웨이트 침공
1991년 소련 붕괴, 우즈베키스탄 등 중앙아시아 국가들 독립
1993년 팔레스타인 자치 정부 수립, 중앙아시아 경제연합체 결성
1994년 넬슨 만델라, 남아프리카 공화국 최초의 흑인 대통령에 당선
르완다 내전, 이스라엘–요르단 평화 회담
2001년 9·11 테러 발생, 미국이 아프가니스탄 침공
2002년 아프리카 연합 출범
2003년 미국과 다국적군, 이라크 침공
2005년 키르기스스탄 국민들이 레몬 혁명으로 정권을 교체
2011년 아랍의 봄, 북아프리카 국가에 민주주의 시위, 남수단 독립
2014년 이라크 레반트 이슬람 국가(IS) 성립(~2017년)
2015년 유라시아 경제 연합 창설

우리나라

1895년 을미사변
1897년 대한 제국 성립
1905년 을사조약
1910년 국권 피탈
1919년 3·1 운동, 대한민국 임시 정부 수립
1926년 6·10 만세운동
1929년 광주 학생 항일 운동
1940년 한국광복군 창설
1945년 8·15 광복
1948년 5·10 총선거, 대한민국 정부 수립
북한, 조선민주주의 인민공화국 수립
1950년 한국 전쟁 발발
1960년 4·19 혁명
1972년 7·4 남북공동성명, 10월 계엄령 선포
1980년 5·18 광주 민주화 운동
1987년 6월 항쟁, 6·29 선언
대통령 직선제 실시
1988년 서울올림픽 개최
1991년 남·북한, 국제 연합 동시 가입
1992년 한·중 수교, 베트남과 수교
1993년 김영삼 정부 수립, 금융실명제 실시
1998년 김대중 정부 출범
2000년 6·15 남북공동선언
김대중, 노벨평화상 수상
2002년 한·일 월드컵 개최
2003년 노무현 정부 출범
2005년 아시아·태평양 경제협력체 정상
회의 개최
2007년 2차 남북 정상 회담
2008년 이명박 정부 출범
2013년 박근혜 정부 출범
2017년 문재인 정부 출범

유럽·아메리카

1811년 베네수엘라 독립
1812년 나폴레옹, 러시아 원정 실패
1814년 나폴레옹, 엘바섬으로 쫓겨남
1818년 칠레 독립
1819년 콜롬비아 독립
1822년 에콰도르 독립
1823년 미국, 〈먼로 선언〉 발표
1830년 스티븐슨, 증기 기차 운행
1837년 모스, 전보 발명
1848년 마르크스, 《공산당 선언》 발표
1860년 링컨, 대통령 당선
1861년 남북 전쟁(~1865년)
1863년 게티즈버그 전투, 링컨 노예 해방 선언
1869년 대륙 횡단 철도 완성
1876년 벨, 전화기 특허 받음
1914년 1차 세계 대전(~1918년)
1917년 러시아 혁명
미국, 1차 세계 대전 참가
1918년 독일, 연합국에 항복
1919년 파리 강화 회의
1920년 국제 연맹 창설
1922년 소련(소비에트 사회주의 공화국 연방) 탄생
1929년 경제 대공황
1939년 2차 세계 대전(~1945년)
1945년 국제 연합(UN) 탄생
1949년 독일 분단
1959년 쿠바, 사회주의 정부 수립
1968년 소련, 체코슬로바키아 민주화 운동 진압
1989년 미국과 소련, 냉전 종결 선언
1990년 독일 통일
1992년 소련 해체, 독립 국가 연합(CIS) 결성
1993년 유럽 연합(EU) 탄생
1995년 세계 무역 기구(WTO) 결성
2001년 미국, 뉴욕 세계 무역 센터 피폭

중국·일본

1910년 일본, 대한 제국 병합
1911년 신해혁명
1912년 중화민국 수립
1919년 5·4 운동, 베르사유 조약 체결
1921년 중국 공산당 창립
1923년 간토 대지진
1924년 1차 국공 합작
1928년 중국, 북벌 완수
1931년 만주 사변, 일본의 만주 침략
1933년 일본, 국제연맹 탈퇴
1934년 중국 공산당 대장정 완료
1937년 중일 전쟁 시작, 2차 국공 합작
난징 대학살
1941년 태평양 전쟁 시작
1945년 히로시마와 나가사키에 원자폭탄 투하, 일본 패전
1946년 일본국헌법(평화헌법) 공포
1947년 중국, 국공 내전
1949년 중화인민공화국 수립
1955년 일본, 자유민주당(자민당) 결성
1958년 중국, 대약진 운동 시작
1964년 도쿄 올림픽 개최
1966년 중국, 문화 대혁명 시작
1971년 중국, 유엔 가입
1972년 중·일 국교 수립
1978년 중국, 개혁 개방 정책 본격화
1989년 톈안먼 사태
1992년 일본, 거품 경제 붕괴
1993년 일본, 자민당 최초 정권 상실
1997년 홍콩 반환
2008년 베이징 올림픽 개최
2011년 도호쿠 대지진, 후쿠시마 원전 참사

인도·동남아시아

1954년 베트남, 프랑스를 몰아냄
1956년 인도네시아 독립
1964년 네루 사망
1965년 베트남 전쟁(2차 인도차이나 전쟁)이 일어남
1965년 싱가포르, 말레이시아에서 독립
1966년 인디라 간디 총리 취임
1967년 아세안(ASEAN) 설립
1973년 베트남, 미군 철수
1975년 북베트남군의 사이공 점령
1976년 1회 아세안 정상회담 개최
1978년 베트남, 캄보디아 침공
1984년 자유화, 개방화 경제 정책 실시
1986년 도이 머이 정책 실시
1988년 미얀마 민중 항쟁
2014년 타이 쿠데타

찾아보기

ㅈ

ㅊ

ㅋ

ㅌ

ㅍ

ㅎ

1판 1쇄 발행일 2018년 12월 24일
1판 7쇄 발행일 2025년 6월 23일

지은이 전국역사교사모임
그린이 송진욱

발행인 김학원
발행처 휴먼어린이
출판등록 제313-2006-000161호(2006년 7월 31일)
주소 (03991) 서울시 마포구 동교로23길 76(연남동)
전화 02-335-4422 **팩스** 02-334-3427
저자·독자 서비스 humanist@humanistbooks.com
홈페이지 www.humanistbooks.com
유튜브 youtube.com/user/humanistma
페이스북 facebook.com/hmcv2001 **인스타그램** @human_kids

편집 박민영 김수영 **디자인** 유주현 림어소시에이션
사진 제공 연합뉴스 셔터스톡 문화재청 **용지** 화인페이퍼 **인쇄** 삼조인쇄 **제본** 해피문화사

ISBN 978-89-6591-360-3 74900
ISBN 978-89-6591-347-4 74900 (세트)